Einsterns Schwester

Themenheft 2
Richtig schreiben

Herausgegeben von
Roland Bauer, Jutta Maurach

Erarbeitet von
Ulrike Schmucker, Schrobenhausen

Auf der Grundlage der Ausgabe von
Wiebke Gerstenmaier
Sonja Grimm

Cornelsen

Inhaltsverzeichnis

Lernportion 1
Mit Silben arbeiten

- Wörter und Sätze mit Silbenbögen kontrollieren 5
- Texte mit Silbenbögen kontrollieren 6
- Mit Silben spielen 7
- Trennungsregeln wiederholen 8
- Trennungsregeln anwenden 9

Lernportion 2
Im Wörterbuch nachschlagen

- Nachschlagen üben 10
- Nomen im Wörterbuch nachschlagen 11
- Verben im Wörterbuch nachschlagen 12
- Einen Text verbessern 13
- Fremdwörter verstehen und richtig schreiben 14

Lernportion 3
Kurze und lange Vokale

- Kurze und lange Vokale unterscheiden 15
- Wörter mit doppelten Konsonanten erkennen 16
- Wörter mit tz/z und ck/k unterscheiden 17
- Wörter mit doppelten Konsonanten, tz und ck üben 18
- Wörter mit ie erkennen 19

Lernportion 4
Ableiten und verlängern

- Wörter verlängern 20
- Wörter mit silbentrennendem h erkennen 22
- Wörter ableiten 23
- Das Ableiten üben 24

Lernportion 5
Wortstamm und Wortfamilie

- Wortstämme nutzen 25
- Mit Wortstämmen arbeiten 26
- Veränderte Wortstämme beachten 27
- Den Vokalwechsel bei Verben beachten 28
- Wortfamilienquartett spielen 29

Lernportion 6
Nicht-regelhafte Wörter

- ★ Wörter mit i statt ie merken 30
- ★ Wörter mit Dehnungs-h zuordnen 31
- ★ Über Wörter mit ä nachdenken 32
- ★ Wörter mit dem Laut ks lernen 33
- ★ Kleine Wörter üben 34
- ✵ Mit dem Fächer arbeiten 35

Lernportion 7
Groß- und Kleinschreibung

- ★ Zeitangaben groß- und kleinschreiben 36
- ★ Die Groß- und Kleinschreibung üben 37
- ★ Die Wortart in einem Legediktat bedenken 38
- ✵ Mehrteilige Eigennamen großschreiben 39
- ★ Wörter mit verstecktem Artikel großschreiben 40

Lernportion 8
Rechtschreibstrategien anwenden

- ★ Strategien wiederholen 41
- ★ Grammatisches Prinzip nutzen 42
- ✵ Die richtige Schreibweise finden 44
- ★ Einen Text verbessern 45
- ★ Strategien finden und Regeln anwenden 46
- ★ Rechtschreibfehler verbessern 47

Wörterliste 48

> Ich bin Lola und ich helfe dir.

So kannst du mit den Heften arbeiten

Du machst alle Seiten der Lernportion 1:

zuerst im grünen Heft,	dann im roten Heft,	dann im gelben Heft	und dann im blauen Heft.
	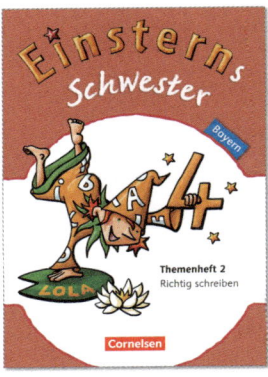	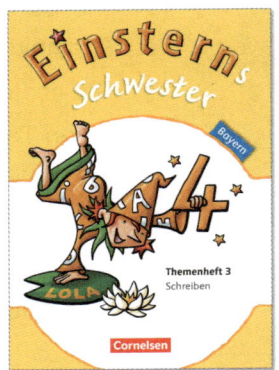	

Danach machst du in allen Heften die Lernportion 2.

Nun machst du in allen Heften die Lernportion 3.

Genauso bearbeitest du alle anderen Lernportionen.

1 Wörter und Sätze mit Silbenbögen kontrollieren

1 Lies in Silben und schreibe alle zweisilbigen Wörter auf.
Zeichne die Silbenbögen ein und markiere die
Silbenkerne: Vokale (a, e, i, o, u), Umlaute (ä, ö, ü) und
Zwielaute (Diphtong: au, äu, ei, eu, ie …).

Heft 2 Seite 5 Aufgabe 1
Wasser, …

Wasser ✷ Strand ✷ Meer ✷ Wellen ✷ Kapitän ✷ Öl ✷ Algen ✷
Seepferdchen ✷ Seeschlangen ✷ Seeräuber ✷ Sandkorn ✷
Bademeister ✷ Tintenfisch ✷ Dampfschiff ✷ Strandkorb ✷
Segelboot ✷ Seestern ✷ Muschel ✷
Schildkröte ✷ Pirat ✷ Perle ✷ Matrose

2 Präge dir immer ein Wort ein und schreibe es dann
auswendig auf. Sprich dabei in Silben und kontrolliere
anschließend mithilfe der Silbenbögen.

Heft 2 Seite 5 Aufgabe 2
die Seifenblubber…

✷ die Seifenblubberblasenmaschinenreparatur
✷ der Gummientenweitwurfwettbewerb
✷ der Badewannenwassertemperatursturz

3 Wähle zwei Sätze aus und schreibe sie ab.
Kontrolliere mithilfe der Silbenbögen.

Heft 2 Seite 5 Aufgabe 3
Annabella Angelfix …

✷ Annabella Angelfix wirft eilig ihr Fischernetz über Bord.
✷ Wendolin Wassermann watschelt wie wild durch das Wattenmeer.
✷ Im Wirtshaus Neptunia speist man hervorragende Seesternspezialitäten.
✷ Serafina entfernt dreiundzwanzig winzige Seeigelstacheln mit einer Pinzette.

4 Bringe die Silben in die richtige Reihenfolge.

die uMasenformtroni	der karaPipitentän
der schwimtungsRetmer	das serwasSalz
der Delflosfinse	die fraujungMeer

Heft 2 Seite 5 Aufgabe 4
die Matrosenuniform, …

Lernportion 1: Mit Silben arbeiten

1. Texte mit Silbenbögen kontrollieren

1 Lies den Text. Suche dir dann ein Partnerkind.

a) Schreibt alle acht Nomen, die mehr als drei Silben haben, mit Artikel auf.

> Heft 2 Seite 6 Aufgabe 1
> a) die Einmachgläser, …
> b) …

Er befand sich jetzt in einem langen, finsteren
Korridor, an dessen Wänden in hohen Gestellen hunderte und
tausende von großen Einmachgläsern standen. Es war die Sammlung,
die er sein „Naturkundemuseum" nannte. In jedem dieser Gläser
5 befand sich ein gefangenes Elementargeistchen. Da gab es alle Sorten
von Zwergen, Heinzelmännchen, Koboldchen und Blumenelfen,
daneben Undinen und kleine Nixen mit bunten Fischschwänzchen,
Wassermännlein und Sylfen, sogar ein paar Feuergeisterchen,
Salamander genannt, die sich in Irrwitzers Kamin versteckt
10 gehalten hatten.

Michael Ende

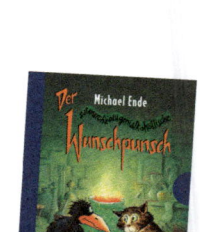

b) Findet die Nomen mit diesen Silbenkernen im Text.

Ei a ä e   ei e ä e   a e ä ei

2 Schreibe den Text ab.
Kontrolliere die für dich schwierigen Wörter mit Silbenbögen.

> Heft 2 Seite 6 Aufgabe 2
> Der Zauberer saß …

Der Zauberer saß | in einem geräumigen
Ohrenbackensessel, | den vor vierhundert Jahren |
ein handwerklich begabter Vampir | eigenhändig aus Sargbrettern |
geschreinert hatte. | Die Polster bestanden aus Werwolfsfellen, |
5 die freilich inzwischen schon | ein wenig schäbig geworden waren. |
Die Pfeife, aus der er rauchte, | stellte einen kleinen Totenkopf dar, |
dessen Augen aus grünem Glas | bei jedem Zug aufglühten. |
Die Rauchwölkchen bildeten in der Luft | allerlei seltsame Figuren: |
Zahlen und Formen, | sich ringelnde Schlangen, | Fledermäuse,
10 kleine Gespenster, | aber hauptsächlich Fragezeichen.

Michael Ende

1 Mit Silben spielen

1 Schreibe die sechs Titel der Geschichten richtig auf.

Die doks O po del	ckie Wi und ner ken Män die star
sel Hän und tel Gre	ter Räu ja Ron ber toch
weiß Schnee chen und sen rot Ro	rix te As und lix be O

Heft 2 Seite 7 Aufgabe 1
Die Opodeldoks, …

2 Schreibe die Wörter richtig auf. Markiere die Silbenkerne.

a) das B✱ch ✱ das B✱ch✱rr✱g✱l ✱ die B✱bl✱✱th✱k ✱
das ✱nh✱ltsv✱rz✱chn✱s ✱ der V✱rl✱g ✱ das C✱v✱r

b) der Klppntxt ✱ das Mrchn ✱ der Cmc ✱
die Ztschrft ✱ das Ttlbld ✱ die Hrbchr

Heft 2 Seite 7 Aufgabe 2
a) das Buch, …
b) der Klappentext, …

3 Suche dir ein Partnerkind.
Lest das Gedicht
mit allen Silbenkernen.
Übt mehrmals.

Das Finkennest

✱ch f✱nd einm✱l ein F✱nk✱nn✱st,
✱nd ✱n demselben l✱g d✱r R✱st
v✱n ✱n✱m Krim✱nalr✱man.
Nun s✱h m✱l ✱n: Der F✱nk k✱nn l✱s✱n!
K✱n W✱nder, ✱s ✱st ✱n Buchfink g✱w✱s✱n.

Heinz Erhardt

4 Finde die Nomen mit diesen Silbenkernen im Text.

a   e a e   Ei i   a e   a   e i   e
au   ie e   e a e au ü u   au ei a

Heft 2 Seite 7 Aufgabe 4
Stadttheater, …

Zur Theateraufführung fährt die Klasse 4b mit der
Straßenbahn. Vor dem Haupteingang des Stadttheaters
verteilt Frau Mai die Eintrittskarten. Nach der Vorstellung
haben die Kinder die einmalige Möglichkeit, den Regisseur
und die Schauspieler, die Bühnenbildner und die Masken-
bildner zu treffen und zu befragen.

Lernportion 1: Mit Silben arbeiten

1 Trennungsregeln wiederholen

1 Suche dir ein Partnerkind. Tragt zusammen, welche Trennungsregeln ihr kennt.

a) Schreibt die Trennungsregeln richtig auf. Lasst nach jeder Regel zwei Zeilen frei.

- 1 Zweisilbige und mehrsilbige Wörter trenne ich
- immer zusammen.
- 2 Achtung! Beim Trennen von Wörtern darf
- meist wie beim Silbensprechen.
- 3 Einsilbige Wörter
- das gesamte Wort nicht mehr in die Zeile passt.
- 4 Wörter mit tz trenne ich
- kann ich nicht trennen.
- 5 Ich trenne Wörter am Ende einer Zeile, wenn
- ein Buchstabe aber nie alleine stehen!
- 6 Beim Trennen von Wörtern mit ck, ch oder sch bleiben ck, ch oder sch
- zwischen t und z.

Notizheft:
Heft 2 Seite 8 Aufgabe 1
Trennungsregeln
1. Zweisilbige und ...
   El-tern, ...
   ...
2. Achtung! Beim ...
   ...
3. ...

b) Findet zu den Trennungsregeln 1 bis 5 die passenden Beispielwörter. Schreibt sie mit ihren Trennstrichen in die freien Zeilen.

- Eltern ✱ machen ✱ Geschichte
- witzig ✱ sitzen ✱ motzen ✱ Pfütze
- oben ✱ über ✱ Opa ✱ Igel ✱ Esel
- packen ✱ Bäcker ✱ lecker ✱ glücklich
- Obst ✱ Mais ✱ Laib ✱ Witz ✱ oft

Hinten im Heft findest du Übungen für die Lernwörter im blauen Kasten.

der Bäcker
glücklich
oft
die Pfütze
die Eltern
die Geschichte
der Laib
machen

c) Findet zu jeder Regel drei weitere Beispielwörter.

Lernportion 1: Mit Silben arbeiten

1 Trennungsregeln anwenden

1 Lies den Text. Suche dir andere Kinder. Klärt unbekannte Wörter.

Mein Onkel Peter ist Dirigent. Er arbeitet in der Oper und leitet dort das Orchester. Seine wichtigsten Arbeitsmittel sind die Notenpartituren und seine verschiedenen Taktstöcke. Mit deren Hilfe gibt er all den Musikern mit ihren unterschiedlichen Instrumenten deutliche Zeichen,
5 damit sie ihre Einsätze nicht verpassen und an den richtigen Stellen lauter oder leiser spielen. Die Musiker sitzen im Orchestergraben unten vor der Bühne, auf der die Sänger die Stücke aufführen. So lenken sie die Aufmerksamkeit des Publikums nicht von der Bühne ab. Erst am Ende dürfen auch sie sich richtig zeigen, sich verbeugen und ihren Applaus
10 in Empfang nehmen.

2 Schreibt alle Nomen mit Trennstrichen auf.
Beachtet die Trennungsregeln von Seite 8.

Heft 2 Seite 9 Aufgabe 2
On-kel, Pe-ter, Di-...

3 Ordne die Bilder den Orff'schen Instrumenten richtig zu.
Schreibe die Namen mit Trennstrichen auf.

 A  B  C  D  E

 F  G  H 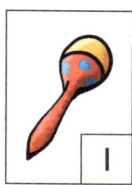 I

Triangel	Xylophon
Zimbeln	Schellenring
Becken	Rassel	Glockenspiel
Holzblocktrommel	Klanghölzer

Heft 2 Seite 9 Aufgabe 3
A: Schel-len-ring
B: ...

4 Schreibe die drei Wörter auf, die du nicht trennen kannst.

Trompete ✱ Gitarre ✱ Cello ✱ Bass ✱
Klavier ✱ Klarinette ✱ Geige ✱ Pauke ✱
Oboe ✱ Flöte ✱ Waldhorn ✱ Harfe ✱
Tuba ✱ Bratsche ✱ Gong ✱ Posaune

Heft 2 Seite 9 Aufgabe 4
der Bass, ...

Lernportion 1: Mit Silben arbeiten

2. Nachschlagen üben

In Wörterbüchern sind die Wörter nach dem **Alphabet** geordnet. Die **Leitwörter** sind fett gedruckt, dahinter stehen die Nebenstichwörter.

1 Suche dir ein Partnerkind.
Sagt das Alphabet gemeinsam vorwärts und rückwärts auf.

Heft 2 Seite 10
Aufgabe 1
a) L·M, …
b) …

a) Schreibt die direkten Vorgänger im Alphabet auf.

✱ M   ✱ F   ✱ Y   ✱ J   ✱ L   ✱ P   ✱ O

b) Ordnet die Wörter nach dem Alphabet.

gewinnen ✱ Gemüse ✱ genau ✱ gegen ✱ Gefahr ✱ gerade

c) Sucht das Wort, das falsch eingeordnet ist.

setzen ✱ die Seuche ✱ seufzen ✱ sich ✱ sicher ✱ die Sichel ✱ sofort

2 Prüfe die Aussagen.
Die Buchstaben vor richtigen Aussagen ergeben rückwärts gelesen ein Lösungswort.
Schlage im Wörterbuch nach.

Heft 2 Seite 10
Aufgabe 2
T …

T Der Buchstabe **F** ist der sechste im Alphabet.
E Verben stehen im Wörterbuch in der Grundform.
L **L** ist der direkte Vorgänger von **N**.
B Im Wörterbuch sind alle Leitwörter fett gedruckt.
A Zusammengesetzte Nomen muss ich zerlegen und die einzelnen Teile nachschlagen.
E Jedes Leitwort hat mindestens ein Nebenstichwort.
H Nomen stehen in der Einzahl, die Mehrzahlform steht dahinter.
S Ein Wörterbuch enthält alle Wörter der deutschen Sprache.
P Bei Nomen steht auch der Artikel im Wörterbuch.
L Nebenstichwörter haben meist denselben Wortstamm.
A Der Buchstabe **T** kommt vor **U**.
S Bei einem Verb sind im Wörterbuch alle Personalformen aufgeführt.

gegen
genau
gerade
sofort

Lernportion 2: Im Wörterbuch nachschlagen

2. Nomen im Wörterbuch nachschlagen

Nicht alle Nomen finde ich als Leitwort im Wörterbuch.
Viele Nomen sind **Nebenstichwörter**. Ich finde sie **bei verwandten Wörtern mit demselben Wortstamm**: die Spitze (Nomen) steht bei spitz (Adjektiv).
Zusammengesetzte Nomen zerlege ich in ihre Bestandteile und schlage diese Wörter einzeln im Wörterbuch nach: der Kuhstall: die Kuh, der Stall

1 Schreibe zu den Nebenstichwörtern verwandte Wörter auf, unter denen du nachschlagen kannst. Überprüfe, ob du die Wörter in einem Wörterbuch findest.

Heft 2 Seite 11 Aufgabe 1
die Städte: Stadt, ...

die Städte ✶ der Zöllner ✶ die Jagd ✶
der Jüngling ✶ der Irrtum ✶ die Starrheit

2 Zerlege die zusammengesetzten Nomen in Wörter, die du nachschlagen kannst. Überprüfe mit einem Wörterbuch.

Heft 2 Seite 11 Aufgabe 2
das Saftglas: der Saft,
das Glas ...

das Saftglas ✶ der Wochenplan ✶
die Buchseite ✶ die Handtasche

Bei Nomen findest du im Wörterbuch den Artikel und die Mehrzahl.

3 Schlage im Wörterbuch nach.

a) Finde zu jedem Nomen den Artikel.

Joghurt ✶ Galopp ✶ Gummi ✶
Granit ✶ Karies ✶ Judo

Heft 2 Seite 11 Aufgabe 3
a) der/das Joghurt, ...
b) die Traktoren, ...

b) Finde die Mehrzahlformen. Achtung!
Drei Wörter gibt es nur in der Einzahl.

der Traktor ✶ die Veranda ✶ der Speichel ✶ das Reck ✶
die Logik ✶ der Globus ✶ der Föhn ✶ die Pizza ✶
die Liga ✶ der Auspuff ✶ der Spinat ✶ die Limonade

die Seite
die Tasche
die Woche
die Stadt

Lernportion 2: Im Wörterbuch nachschlagen

2. Verben im Wörterbuch nachschlagen

Personal- und Zeitformen von Verben finde ich **bei der Grundform**:
es geschah (3. Person Einzahl, 1. Vergangenheit) steht bei geschehen (Grundform).
Verben muss ich ohne Vorsilbe nachschlagen: abwiegen steht bei wiegen.

1 Schreibe die Grundformen auf, unter denen du diese Verbformen im Wörterbuch findest.

> es fährt ✱ sie gab ✱ er verschenkte ✱ ausgießen ✱
> sie flicht ✱ er gebietet ✱ es gedieh ✱ er sprach ✱
> er schnitt ✱ er aß ✱ gesessen ✱ ich bin ✱ wir griffen

Heft 2 Seite 12
Aufgabe 1
es fährt → fahren, ...

2 Suche dir ein Partnerkind. Tauscht euch darüber aus, was das Besondere an den Verben ist.

3 Schreibe zu den Nebenstichwörtern verwandte Wörter auf, unter denen du nachschlagen kannst.
Überprüfe mit einem Wörterbuch.

> gipsen ✱ sich schlängeln ✱ säubern ✱ sich kümmern ✱
> sprechen ✱ vorlesen ✱ ruhen ✱ regnen ✱ hämmern ✱
> lohnen ✱ ergänzen ✱ vergrößern ✱ schwärmen

Heft 2 Seite 12
Aufgabe 3
der Gips, ...

4 Schreibe aus dem Wörterbuch das Leitwort mit allen Nebenstichwörtern ab.
Markiere gleiche Wortstämme in derselben Farbe.

> mahnen | merken
> hindern
> hoffen | beißen

Hier brauchst du zwei verschiedene Farben.

Heft 2 Seite 12 Aufgabe 4
mahnen, er mahnte,
die Mahnung, ...

sein
ich bin
du bist
sprechen

2 Einen Text verbessern

1 Schlage die markierten Wörter nach.

a) Schreibe sie richtig auf.

b) Drei Fehler sind ähnlich. Schreibe die Wörter auf und zeichne die Silbenbögen ein.

Heft 2 Seite 13 Aufgabe 1
a) eigentlich, ...
b) der Herzinfarkt, ...

Liebe Mia!

Stell dir vor, was hier gestern los war. Eigendlich dachten wir, dass bei uns an Sylvester wie immer wegen der Tiere keine Raketen abgeschossen würden. Deshalb standen wir um zwölf auch ganz gemühtlich auf der Terasse und haben auf das neue Jahr angestoßen. Da gab es plötzlich einen wahnsinnigen Knall. Pedro bekam wohl fast einen Herzinfakt, denn er rannte mit voller Wucht gegen das Tor, so dass das Schanier aufbrach und er im Galopp über die Felder flüchtete. Das war vielleicht eine Hecktik, die erwachsenen verfolgten Pedro, wärend wir Kinder versuchten, die anderen Pferde zu behruigen. Dabei sollen Tine und Berry am Sonntag am Neujahrstunier teilnehmen. Hoffentlich klappt das jetzt überhaupt. Ich habe mich nämlich so darauf gefreut und gehofft, die Konkurrens hinter mir zu lassen und eine Medallje oder sogar einen Pokal zu holen. Drück mir bitte die Daumen!

Ich wünsche dir ein gutes neues Jahr,
deine Lotte

2 Schreibe die Fremdwörter auf, die du anders schreibst, als du sie sprichst.

genial ✶ der Ingenieur ✶ das Medikament ✶ demokratisch ✶ das Shampoo ✶ das Genie ✶ die Angina ✶ der Reflex ✶ die Demonstration ✶ die Narkose ✶ die Infektion ✶ die Lasagne ✶ der Container ✶ der Experte ✶ die Fitness

Heft 2 Seite 13 Aufgabe 2
der Ingenieur, ...

2 Fremdwörter verstehen und richtig schreiben

1 Schlage die Fremdwörter im Wörterbuch nach. Prüfe alle Schreibweisen, denn manchmal sind mehrere möglich.

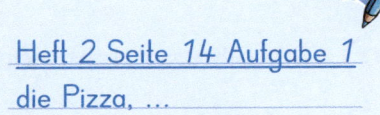
Heft 2 Seite 14 Aufgabe 1
die Pizza, …

die	Pitza	Pieza	Pizzer	Pizza
der/das	Joggurt	Jogurt	Johgurt	Joghurt
das	Hendy	Handie	Handy	Händi
das	Teater	Theater	Theather	Teather
die	Skitze	Skizze	Skize	Scizze

2 Finde die Fremdwörter in der Wörterliste auf den Seiten 48 bis 55. Schreibe sie richtig mit einer Erklärung auf.

Heft 2 Seite 14 Aufgabe 2
Das S… ist
ein Sportgerät, …

✷ ein Sportgerät mit vier Rollen, auf dem manche wahre Kunststücke vollbringen: S…

✷ ein Spiel, bei dem viele einzelne Teile zu einem Bild zusammengesetzt werden: P…

✷ die Befragung von wichtigen, berühmten oder interessanten Personen: I…

✷ die Bestellung einer regelmäßigen Lieferung von Zeitungen oder Zeitschriften: A…

✷ ein Mensch, der an Jesus glaubt: Ch…

 3

der Christ
die Pizza
das Handy
die Skizze

14 Lernportion 2: Im Wörterbuch nachschlagen → AH Seite 14

3. Kurze und lange Vokale unterscheiden

So kann ich lange und kurze Vokale unterscheiden:
Der lange Vokal steht meist am Ende der Silbe: Fe-der („offene Silbe")
Der kurze Vokal wird von mindestens zwei Konsonanten eingeschlossen:
Fel-der („geschlossene Silbe")
Bei einsilbigen Wörtern verlängere ich: Gras, Grä-ser

1 Achte immer nur auf die erste Silbe der Wörter. Überlege, ob sie offen oder geschlossen ist. Trage sie in die Tabelle ein.

Feder · Felder · Wagen · Wangen · rasten · raten · Schiffe · schiefe

Heft 2 Seite 15 Aufgabe 1

Offene Silbe	Geschlossene Silbe
Fe-der	Fel-der
...	...

2 Suche dir ein Partnerkind. Untersucht die Endungen der ersten Silbe. Überprüft die Aussagen auf der Tafel anhand der Wörter.

3 Schwinge die Wörter. Zeichne die Silbenbögen in die Luft. Suche weitere Paare.

Nase – Nüsse · Vase – Wasser · Rasen – Rösser · Plane – Panne · Hupe – Puppe · ... – ...

4 Schreibe nur die Wörter auf, in denen der Vokal kurz gesprochen wird. Markiere die folgenden Konsonanten farbig.

Heft 2 Seite 15 Aufgabe 4
A: der Ast, ...
E: ...

A: Gras · Hase · Schaf · Vase · Ast · Gas · lahm · Ratte · Rabe · rasen · mager · Tag
E: Schnecke · Weg · Steg · geben · Rebe · leben · Zehe · fehlen · Welle · wenig
I: Brief · Liebe · Sieb · ihr · viel · Kiste · lieben · Kinn · immer
O: Moos · Bohne · Soße · loben · Wolle · Robe · Ross · los · Oma · Ofen · oben
U: Schuhe · Fuß · Tube · Ufer · Ufo · lustig · Schmutz · Ruhe · Schule · Gruß

Lernportion 3: Kurze und lange Vokale

3 Wörter mit doppelten Konsonanten erkennen

Wenn ich einen doppelten Konsonanten am Wort- oder Wortstammende schlecht höre, kann mir das Weiterschwingen helfen:
Kamm – die Kämme, voll – ein voller Bus,
Treffpunkt – treffen, schwimmt – schwimmen

Außerdem kannst du die Länge des Vokals und die Anzahl der Konsonanten überprüfen.

1 Verlängere durch Weiterschwingen ↪.
Kennzeichne den kurzen Vokal.

| schnell | Bass | stellt | dumm | voll |

| Bett | schwimmt | Stamm | kommt |

Heft 2 Seite 16 Aufgabe 1
schnell ↪ das schnelle Boot
…

2 Verlängere durch Weiterschwingen.
Schreibe auf, wie du verlängert hast.

Mein kleiner Bruder brü*t vor Wut.
Er hat seine Lieblingssendung verge*en.
Er schna*t sich die Fernbedienung, re*t
in sein Zimmer und tritt gegen die Tür.
Zum Glück tri*t er sie nicht richtig,
denn der Rahmen ist eh schon ganz kru*.

Heft 2 Seite 16 Aufgabe 2
brüllt ↪ brüllen
…

3 Entscheide dich für die richtige Schreibweise.
Schreibe den Text ab.

Peters Hu*d (n/nn) be*t (l/ll) he*tig (f/ff).
Er ta*zt (n/nn) wi*d (l/ll) um mich herum.
Er schna*t (p/pp) i*er (m/mm) wieder nach
der Wu*st (r/rr) und wi* (l/ll) sie e*en (s/ss).

Heft 2 Seite 16 Aufgabe 3
Peters Hund …

dumm	schwimmen
essen	stellen
fallen	vergessen
immer	zusammen
kommen	das Zimmer

4 Vergleiche dein Ergebnis von **3**
mit dem eines Partnerkindes.
Begründe deine Entscheidungen.

Lernportion 3: Kurze und lange Vokale

3 Wörter mit tz/z und ck/k unterscheiden

Nach einem kurzen Vokal steht meist nicht zz oder kk,
sondern **tz** oder **ck**: die Katze, das Reck
Nach einem langen Vokal steht nur **z** oder **k**: die Kapuze, die Luke
Nach Zwielauten steht nur **z** oder **k**: heizen, die Pauke
Direkt **nach anderen Konsonanten** steht nur **z** oder **k**: tanzen, der Quark

Merke dir die Eselsbrücke:
Nach l, n, r, das merke ja,
steht nie tz und nie ck.

1 Mache das **tz** und **ck** durch Verlängern ↪ hörbar.

| der Blitz ✱ das Netz ✱ der Platz ✱ |
| der Block ✱ der Fleck ✱ der Rock |

Heft 2 Seite 17 Aufgabe 1
der Blitz ↪ Blitze

2 Finde immer ein passendes Verb.

| der Putz ✱ der Besitz ✱ das Versteck ✱ der Schluck |

Heft 2 Seite 17 Aufgabe 2
der Putz ↪ putzen

3 Ordne die Wörter in eine Tabelle. Nimm dazu ein kariertes DIN-A4-Blatt quer.

tz nach kurzem Vokal	z nach langem Vokal	z nach Zwielaut	z direkt nach Konsonanten (l, n, r)
...	...	...	der Pelz

der Pel✱ ✱ rei✱end ✱ schmu✱ig ✱ das Her✱ ✱ fli✱en ✱ das Gewür✱ ✱ die Ka✱e ✱
der Wei✱en ✱ pe✱en ✱ pu✱ig ✱ die Schnau✱e ✱ die Hei✱ung ✱ si✱en ✱ plö✱lich

4 Erstelle eine weitere Tabelle für die Wörter mit **ck**.

| das Stü✱ ✱ die Pau✱e ✱ par✱en ✱ das Kü✱en ✱ win✱en ✱ |
| die Schau✱el ✱ die Lu✱e ✱ di✱ ✱ trin✱en ✱ mer✱en |

plötzlich
der Platz
das Stück
verstecken

Lernportion 3: Kurze und lange Vokale

3 Wörter mit doppelten Konsonanten, tz und ck üben

 1 Schnippe für ein Partnerkind eine Münze oder einen Spielchip vom Kreis auf den Spielplan. Dein Partnerkind muss alle Aufgabenfelder bearbeiten, die die Münze berührt. Dann tauscht ihr. Jedes Kind spielt fünf Mal.

> Bett ✱ Bock ✱ dreckig ✱ Gebäck ✱ Gepäck ✱ Gorilla ✱ Hecke ✱ klappen ✱ Klotz ✱ nass ✱ Pfütze ✱ Puppe ✱ Ratte ✱ retten ✱ satt ✱ schmatzen ✱ schmutzig ✱ Tatze ✱ Schokokusswettessen ✱ schwimmen ✱ sitzen ✱ spitz ✱ Stück ✱ Suppe ✱ schnell ✱ wackeln ✱ Wackelpuddingschüssel ✱ Wasserballmannschaft ✱ Witz ✱ Zecke

Schreibe alle Wörter mit tz auf. Kennzeichne den kurzen Vokal.	Schreibe alle Wörter mit ck auf. Kennzeichne den kurzen Vokal.	Schreibe acht Wörter mit Doppelkonsonant auf. Zeichne die Silbenbögen ein.	Nenne alle Tiere.
Nenne alle einsilbigen Wörter und verlängere sie.	Nenne drei Reimwortpaare.	Finde zwei Wörter mit gleicher Bedeutung.	Nenne alle Adjektive und verlängere sie.
Sprich alle Verben in Silben.	Nenne alle Nomen mit Artikel.	Schreibe alle Wörter mit mehr als zwei Silben mit Trennstrichen auf.	Sage die Trennungsregel von Wörtern mit tz auf.
Schreibe möglichst viele Wörter aus dem Gedächtnis auf.	Hüpfe das längste Wort und hüpfe in Silben.	Sage die Trennungsregel von ck-Wörtern auf.	Schreibe alle zweisilbigen Wörter mit ihren Silbenbögen auf.
Lies alle Wörter in Sprechsilben vor.	Erfinde einen Satz mit möglichst vielen ck-Wörtern.	Male eines der Wörter und lasse es erraten.	Beschreibe eines der Wörter und lasse es erraten.

Heft 2 Seite 18 Aufgabe 1

...

Lernportion 3: Kurze und lange Vokale

3 Wörter mit ie erkennen

1 Gib deinem Partnerkind einen Tipp, wie es Wörter mit langem **i** schreibt.
Erkläre, wie du das lange **i** hörbar machen kannst.
Lies dazu noch einmal die Merktafel von Seite 15.

2 Überlege, ob du ein kurzes oder langes **i** in den Wörtern hörst. Entscheide dich, ob sie mit **i** oder **ie** geschrieben werden. Schreibe dann die Wörter in Silben auf und markiere die Vokale mit . oder __ .

Heft 2 Seite 19 Aufgabe 2
Zwie-bel, ...

    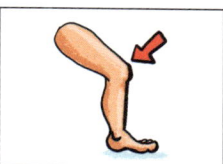

3 Finde die richtige Schreibweise und schreibe den Text in deiner schönsten Schrift in dein Heft ab.

Heft 2 Seite 19 Aufgabe 3
Tina liegt ...

T✶na l✶gt im Bett. Es ist m✶tten in der Nacht.
S✶ hört ein Rascheln und ein Qu✶tschen.
„H✶lfe", denkt s✶. „Ist etwa ein D✶b im Haus?". Auf Zehensp✶tzen
schleicht T✶na ins nächste Z✶mmer. Da s✶ht s✶ d✶ Katze M✶ze,
d✶ durch d✶ Katzenklappe geschl✶chen war und jetzt M✶lch schleckt.

4 Sortiere die Lernwörter nach dem Alphabet und schreibe sie in dein Heft.

Heft 2 Seite 19 Aufgabe 4 + 5
das Beispiel, ...

5 Suche noch mehr Wörter mit **ie**.
Die Wörterliste oder das Wörterbuch können dir helfen.
Schreibe sie in dein Heft unter **4**.

riechen	ziehen	die Zwiebel
geschrieben	schwierig	zielen
er liest	verlieren	das Beispiel

Lernportion 3: Kurze und lange Vokale

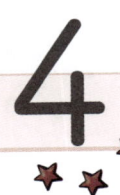

4 Wörter verlängern

Bei manchen Wörtern oder Wortstämmen kann ich die richtige Schreibweise nicht hören.
Dann **verlängere** ich das Wort durch **Weiterschwingen**:
Am **Wortende** höre ich dann b oder p, d oder t, g oder k:
der Zwer_   Beweis: die Zwerge   Lösung: der Zwerg
Einen **doppelten Konsonanten** höre ich dann in zwei Silben:
das Fe_   Beweis: die Felle   Lösung: das Fell
Bei **Verben mit ng oder nk** in der 3. Person Einzahl höre ich g oder k in der Grundform:
sie sin_t   Beweis: singen   Lösung: sie singt
Bei **Wörtern mit silbentrennendem h** verlängere ich einsilbige Wörter:
er zie_t   Beweis: ziehen   Lösung: er zieht

1 Finde die richtige Schreibweise.
Verlängere dazu die Wörter oder Wortstämme.

Der Hun✳ be✳t laut.
Die Klavierstunde begi✳t später.
Mike wünscht sich ein rotes Re✳auto.
Der Trampelpfa✳ führt auf den Ber✳.
Der Die✳ trä✳t eine dunkle Maske.
Der Hase flieht schne✳ vor dem Fuchs.
Die Brü✳affen sind heute stu✳.
Der Schu✳ ste✳t hinten im Wan✳regal.

Heft 2 Seite 20 Aufgabe 1
der Hund → die Hunde ...
bellt → bellen
...

 **2** Findet eigene Wörter wie in **1**.
Nehmt ein kariertes DIN-A4-Blatt quer und legt eine Tabelle an.
Schlagt in der Wörterliste auf den Seiten 48 bis 55 und im Wörterbuch nach.

b/p – d/t – g/k	doppelter Konsonant	Verb mit ng/nk
der Dieb	dünn	sie singt
...	...	...
...	...	...

Lernportion 4: Ableiten und verlängern

4

3 Finde im Text die 14 Fehler.
Verlängere die Wörter und beweise so
die richtige Schreibweise.

Heft 2 Seite 21 Aufgabe 3
er fegt → fegen, …

Heute muss ich Vater helfen. Er fekt wie wilt im Haus umher. | |
Selbst die Blatläuse schnipt er von den Pflanzen ab und kehrt noch rasch | |
den Staup unter den Teppichen hervor. Im Bat wienert er die Fliesen. | |
Der Lieferservice brinkt schnel ein paar Blumen und der Gril | | |
stet einsatzbereit im Schuppen. Da komt Mutter nach Hause. | |
Sie schaut sich um, schmunzelt verliept und ruft meinem Vater zu: |
„Tol hast du geputzt, aber Muttertak ist erst nächsten Sonntag!" | |

4 Finde passende Schwungmuster.

a) Schreibe auf und verlängere.

Heft 2 Seite 21 Aufgabe 4 a)
der Schwimmflügel: schwimmen

Schwimmflügel ✱ Puppenbett ✱
Haselnussschokolade ✱ Flugbahn ✱
Vollkornbrötchen ✱ Tollpatsch ✱
Ratschlag ✱ Nudelsieb ✱

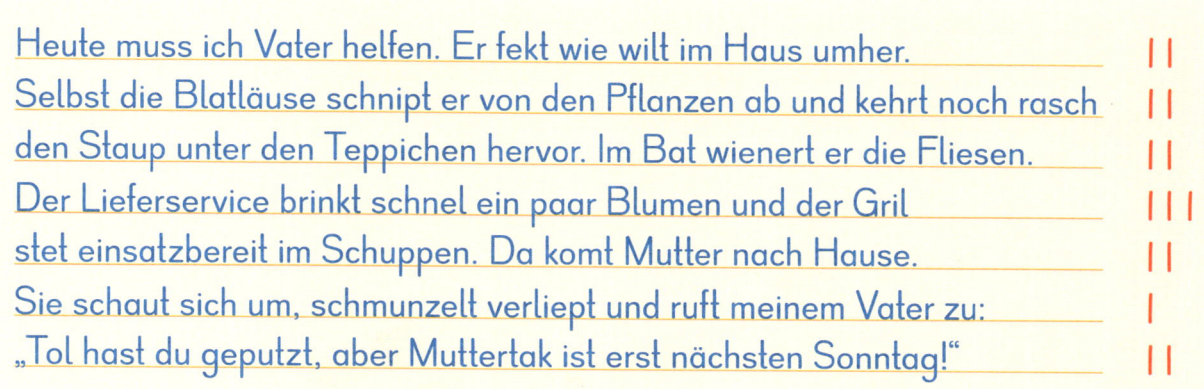

b) Finde zu möglichst vielen Schwung-
mustern aus a) ein eigenes Wort.

Heft 2 Seite 21 Aufgabe 4 b)
Sonntag, …

5

alt   liegen, er liegt
fremd   die Nacht
lang   steigen, er steigt
laufen, er läuft   rund

→ AH Seite 31   Lernportion 4: Ableiten und verlängern

4 Wörter mit silbentrennendem h erkennen

1 Lies die Geschichte.
Schreibe alle Wörter mit **h** untereinander.

Die Kuh steht auf der Wiese.
Eine schöne Blume blüht und die Sonne scheint.
Doch trotzdem ist die Kuh nicht glücklich.
Wie sie steht, geht oder sich dreht, drückt der Schuh.
Denn der Zeh der Kuh ist zu groß.

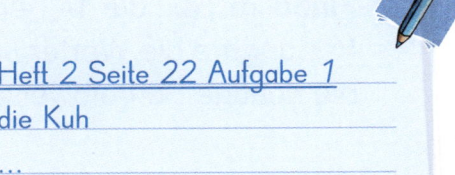

Heft 2 Seite 22 Aufgabe 1
die Kuh
...

2 Suche dir ein Partnerkind.
Verlängert alle Wörter, die ihr mit **h** gefunden habt.
Zeichnet in die verlängerten Wörter Silbenbögen ein.

Heft 2 Seite 22 Aufgabe 1 + 4
die Kuh ↝ die Kühe

3 Suche dir mit deinem Partnerkind weitere Kinder.
Tauscht eure Beobachtungen aus.
Überlegt, wie die Verlängerungen
euch hier helfen. Schreibe
deine Erkenntnisse auf.

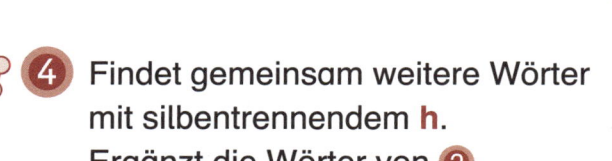

blühen	stehen
drehen	der Zeh
gehen	die Kuh
der Schuh	

4 Findet gemeinsam weitere Wörter
mit silbentrennendem **h**.
Ergänzt die Wörter von ❷.

22 Lernportion 4: Ableiten und verlängern

4 Wörter ableiten

1 Finde Ableitungen.

a) Ordne die **ä**-Wörter nach ihren Wortarten und leite ab.

erkälten Schädling zählen glänzen
verständnisvoll volljährig mächtig
Rätsel ängstlich wärmen Fähre
Gelächter älter Gewächs zähmen

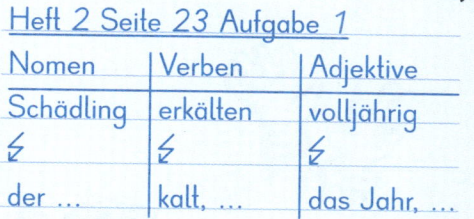

Heft 2 Seite 23 Aufgabe 1

Nomen	Verben	Adjektive
Schädling	erkälten	volljährig
⚡	⚡	⚡
der …	kalt, …	das Jahr, …

Wenn ein Wort mit **ä** oder **äu** von einem Wortstamm mit **a** oder **au** abgeleitet werden kann, steht das Zeichen ⚡ für **ableiten**.

b) Finde zu jeder Wortart mindestens ein **äu**-Wort und leite es ab. Du kannst auch die Wörterliste nutzen.

2 Prüfe, ob du ableiten kannst. Setze dann entweder **e** oder **ä** ein. Schlage unbekannte Wörter im Lexikon nach.

a) 1. Als Grenze bauten die Römer aus Erde W✶lle.
   2. Die Surfer warten auf die perfekte W✶lle.

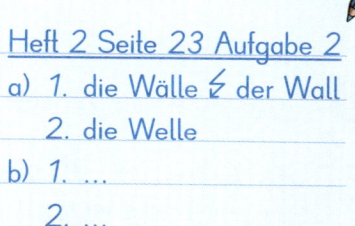

Heft 2 Seite 23 Aufgabe 2
a) 1. die Wälle ⚡ der Wall
   2. die Welle
b) 1. …
   2. …

b) 1. Bisons lieferten den Indianern F✶lle.
   2. Der Kommissar löst kriminalistische F✶lle.

c) 1. Das Taxi wartet wie immer an derselben St✶lle.
   2. Der Bauer bringt abends die Tiere in die St✶lle.

d) 1. Die Prinzessin tanzt auf vielen B✶llen.
   2. Der Hundetrainer verbietet dem Hund das B✶llen.

e) 1. Der Segler macht sich bereit zur W✶nde.
   2. Ein Malermeister verschönert die W✶nde.

3

→ AH Seite 32   Lernportion 4: Ableiten und verlängern

4 Das Ableiten üben

1 Finde ein verwandtes Wort. Leite ab.

Heft 2 Seite 24 Aufgabe 1
die Hände ⇥ die Hand
...

2 Unterscheide Wörter mit **eu** und Wörter mit **äu**.

a) Setze **eu** oder **äu** ein.
Schreibe die Wörter richtig auf.

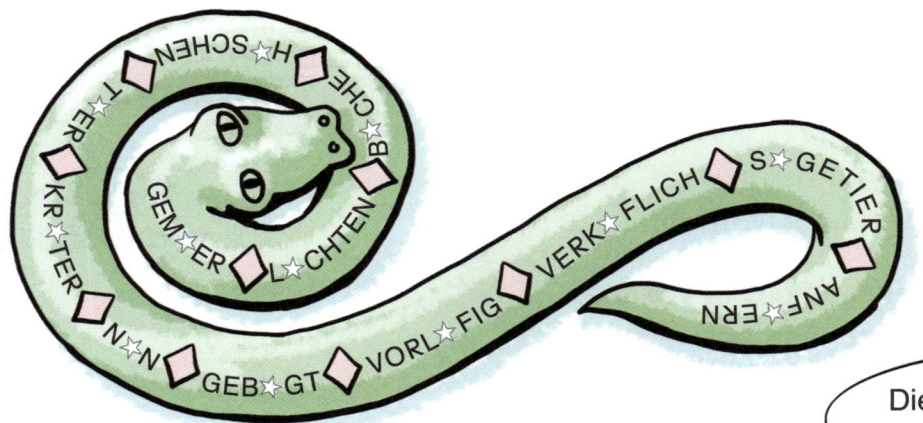

Heft 2 Seite 24 Aufgabe 2 a)
Gemäuer, leuchten, ...

Die Wörter mit **e** oder **eu** kannst du nicht ableiten.

b) Leite die **äu**-Wörter von einem verwandten Wort mit **au** ab.

Heft 2 Seite 24 Aufgabe 2 b)
das Gemäuer ⇥ die Mauer, ...

Lernportion 4: Ableiten und verlängern

5. Wortstämme nutzen

> Die meisten Wörter bestehen aus mehreren Wortbausteinen.
> Der wichtigste Baustein ist der **Wortstamm**.
> Alle Wörter, die den gleichen Wortstamm haben, gehören zu einer **Wortfamilie**:
> spielen, das Spiel, das Spielzeug, spielerisch, verspielt
> Die Rechtschreibbesonderheit bleibt bei allen Wörtern gleich.

1 Finde zu den Wörtern einer Wortfamilie
den Wortstamm und ein weiteres verwandtes
Wort mit **ä** oder **äu**. Schreibe auf.
Du kannst auch im Wörterbuch nachschlagen.

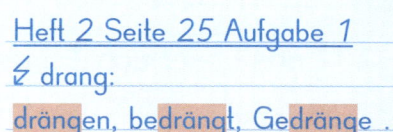
Heft 2 Seite 25 Aufgabe 1
⚡ drang:
drängen, bedrängt, Gedränge …

drängen
bedrängt

verträumt
träumen

gefährlich
die Fährte

wärmen
gewärmt

unzählig
verzählen

2

3 Suche dir ein Partnerkind.
Überlegt gemeinsam, wobei euch Wortstämme helfen können.

4 Überlege, ob du Wortstämme in Wörtern gut erkennen kannst.
Schreibe auf, wie du dabei vorgehst.

Lernportion 5: Wortstamm und Wortfamilie

5. Mit Wortstämmen arbeiten

1 Hier haben sich drei Wortfamilien vermischt.
Suche die Wortstämme und
ordne die passenden Wörter dazu.

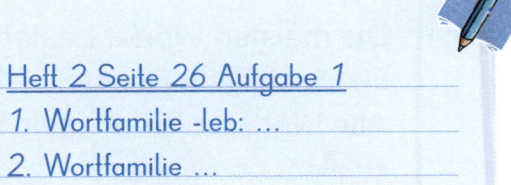

leuchten | das Lesezeichen | erleben | vorlesen | die Leuchte

leben | lesen | der Kronleuchter | das Erlebnis

lebendig | erleuchten | die Lesung | erleuchtet | leblos

das Lesebuch | der Leuchtturm | das Leben | lesenswert

2 Finde heraus, zu welchem Wortstamm
die Wörter im Zug gehören.
Sortiere sie nach Wortarten in einer Tabelle.
Vergleiche mit einem Partnerkind.

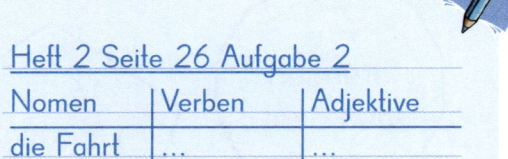

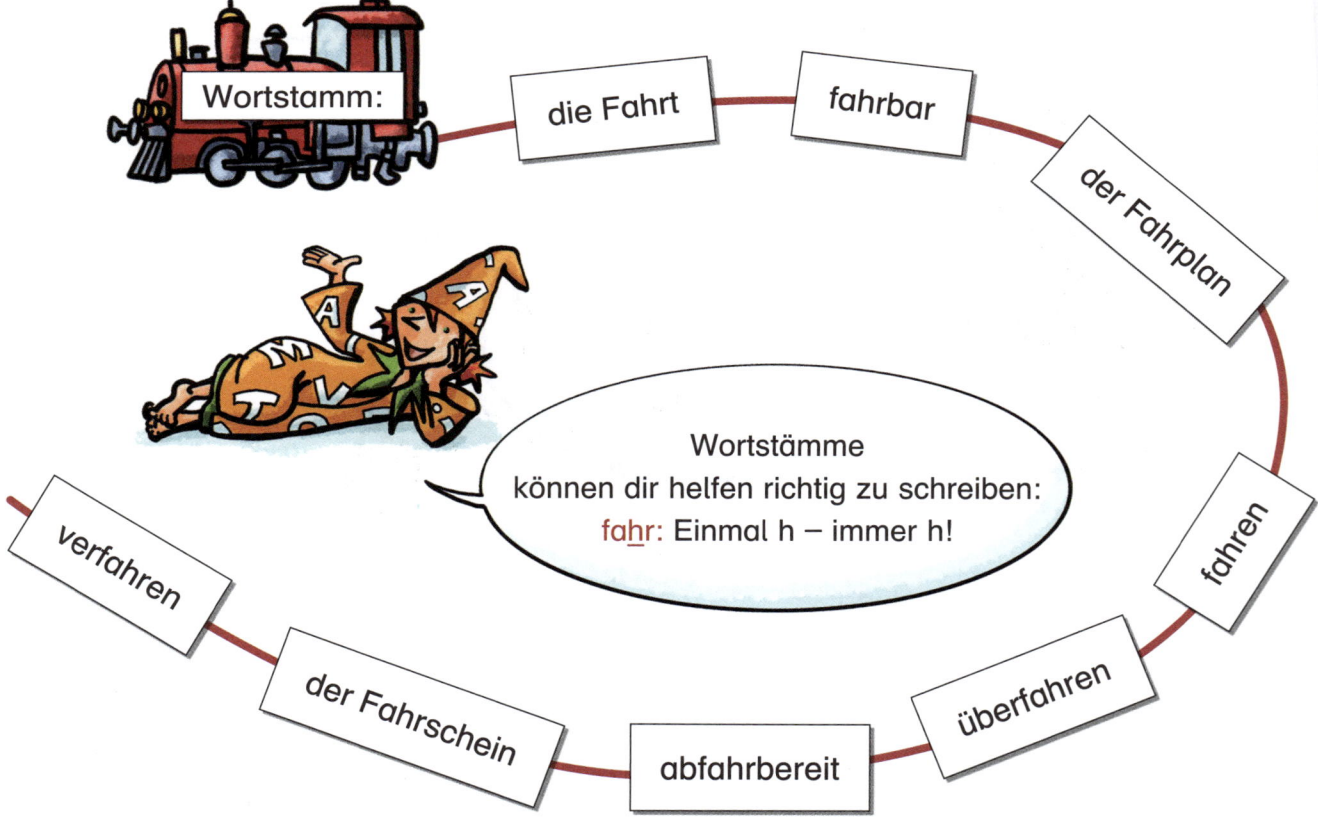

Wortstämme können dir helfen richtig zu schreiben:
fahr: Einmal h – immer h!

26 Lernportion 5: Wortstamm und Wortfamilie

5 Veränderte Wortstämme beachten

Normalerweise schreibst du Wörter mit gleichem Wortstamm gleich.
das **Leb**en, er**leb**en, **leb**los
Bei manchen Wörtern ändert sich aber der Wortstamm.
Trotzdem gehören sie zur Wortfamilie dazu.
lachen, aus**lach**en, **Lach**anfall, **läch**eln

1 Suche dir ein Partnerkind. Überlegt, was auf den Bildern zu sehen ist und welcher Wortstamm dazu passt.

| trink | kauf | lauf | back | sing |

Wortstämme können beim richtigen Schreiben helfen. Bäcker schreibe ich mit ä, weil es von b**a**ck kommt.

2 Bilde für diese Wortstämme Wortfamilien und schreibe sie auf. Suche dir ein Partnerkind. Denkt euch eine oder mehrere Wortfamilien aus.

Heft 2 Seite 27 Aufgabe 2

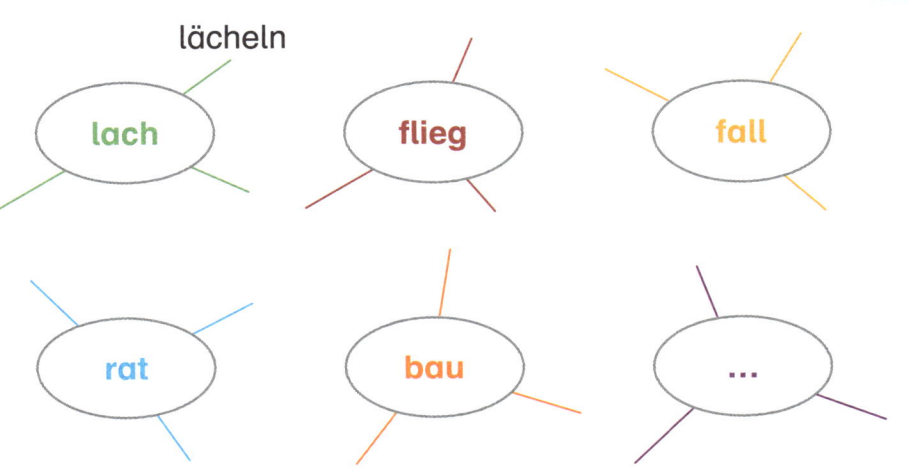

der Arzt, die Ärzte
der Bäcker
der Verkäufer
lassen, er lässt

→ AH Seite 39   Lernportion 5: Wortstamm und Wortfamilie

5. Den Vokalwechsel bei Verben beachten

> Wenn du ein Verb in die Vergangenheit setzt, bleibt der Wortstamm oft gleich:
> **mal**en, ich **mal**te, du **mal**test, …
> Bei manchen Verben ändert sich aber der Wortstamm:
> **geb**en, er **gab**
> Die Schreibung richtet sich immer nach dem langen und kurzen Vokal:
> sie fließen, sie flossen
> sie fallen, sie fielen

1 Bei allen Lernwörtern ändert sich der Wortstamm in der 1. Vergangenheit. Sortiere in eine Tabelle.

Heft 2 Seite 28 Aufgabe 1
Gegenwart	1. Vergangenheit
geben	ich gab

2 Bilde die 1. Vergangenheit zu den angegebenen Wörtern. Kennzeichne den langen Vokal mit __, den kurzen Vokal mit •. Markiere ß und **ss**.

schließen | gießen | beißen | messen

genießen | lassen | fließen | essen

Heft 2 Seite 28 Aufgabe 2
schließen – wir schlossen
…

3 Suche dir ein Partnerkind.
Besprecht, was euch in Aufgabe **2** auffällt. Schreibe auf, ob dir die Aufgabe **2** leicht oder schwer gefallen ist.

4 Finde selbst solche Verben, bei denen sich die Länge des Vokals in der 1. Vergangenheit ändert.

Heft 2 Seite 28 Aufgabe 4
…

| geben | halten | lesen | scheinen | singen | tragen | ziehen |
| gehen | laufen | liegen | schieben | sitzen | trinken | |

Lernportion 5: Wortstamm und Wortfamilie

5. Wortfamilienquartett spielen

1 Suche dir drei andere Kinder und erstellt ein Quartettspiel.
Teilt dafür die Wortstämme im Kasten auf.
Jedes Kind bearbeitet zwei Wortstämme.
Denke dir zu deinen Wortstämmen Wortfamilien mit je vier Wörtern aus.
Schreibe deine Wörter auf Kärtchen.
Stelle dein Ergebnis den anderen Kindern vor.
Schreibe bei jeder Karte oben den Wortstamm des Wortes auf.
Nummeriere die Wortfamilie von 1 bis 4.

> geh ✱ sing ✱ back ✱ lauf ✱
> kauf ✱ bad ✱ tag ✱ find ✱
> …

2 Spielt euer Quartett nach folgenden Regeln.
Ziel ist es, möglichst viele Wortfamilien zu sammeln.

1 Mischt die Karten und verteilt an jeden Spieler gleich viele.
Wer jetzt schon ein Quartett besitzt, hat Glück und darf es vor sich auslegen.

2 Der jüngste Spieler beginnt.
Er darf einen beliebigen Mitspieler nach einer Karte fragen, die ihm fehlt.

3 Besitzt der Mitspieler diese Karte, muss er sie dem Fragenden geben
und dieser ist nochmal an der Reihe

4 Besitzt der Mitspieler die Karte nicht, ist dieser an der Reihe
und darf einen anderen Mitspieler nach einer Karte fragen.

Lernportion 5: Wortstamm und Wortfamilie

6. Wörter mit i statt ie merken

> Wörter mit langem i schreibst du normalerweise mit ie oder ih.
> Einige Wörter bilden hier eine Ausnahme.
> Obwohl du ein langes i hörst, werden sie nur mit i geschrieben.
> Diese Wörter musst du dir merken.

1 Finde die acht Nomen, die nur mit **i** geschrieben werden, obwohl du ein langes **i** hörst. Schreibe sie mit Artikel auf. Manche Buchstaben musst du mehrmals benutzen. Die Bilder helfen dir.

Heft 2 Seite 30 Aufgabe 1
der Kamin, …

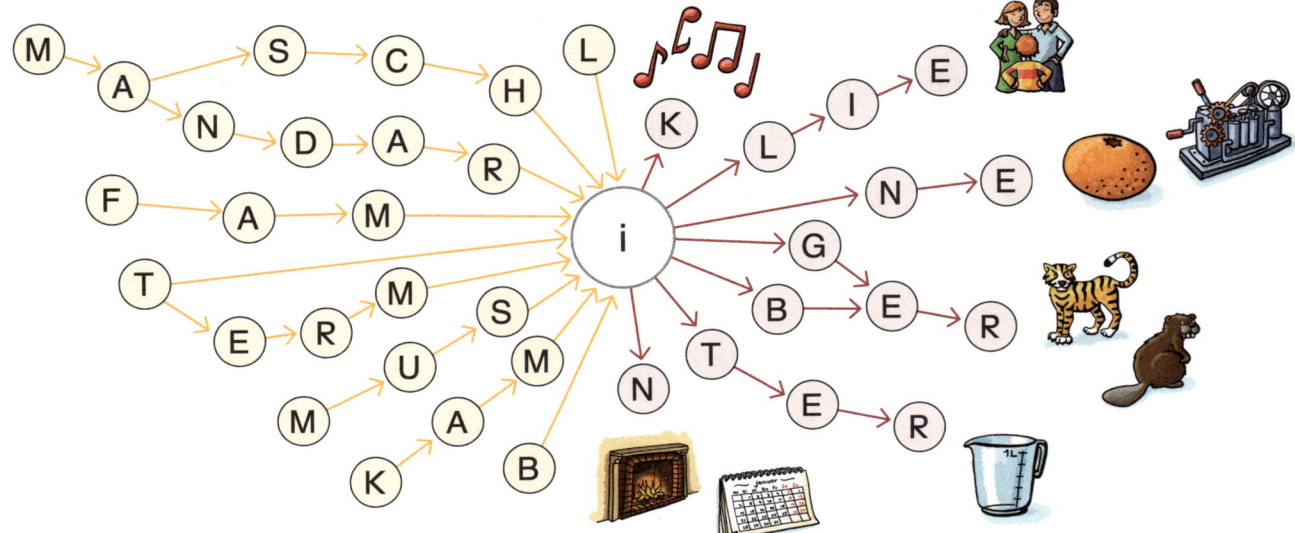

2 Bastle einen Fächer für besondere Wörter.

- Falte zwei DIN-A4-Blätter so:
- Schneide die Papierstreifen an den Faltlinien entlang durch.
- Lege alle Papierstreifen aufeinander und loche sie einmal oben.
- Verbinde alle Papierstreifen mit einer Musterklammer.

3 Schreibe alle **i**-Wörter dieser Seite nach dem Alphabet geordnet auf den ersten Papierstreifen deines Fächers. Markiere die Merkstelle.

Familie
Maschine
Tiger

Lernportion 6: Nicht-regelhafte Wörter

6 Wörter mit Dehnungs-h zuordnen

M

1 Sortiere die Wörter mit **ah**, **äh**, **öh** und **üh**.

a) Schreibe jeweils eine Wortliste auf einen Papierstreifen deines Fächers.

b) Setze Silbenbögen unter die Wörter. Markiere die Merkstelle.

Merke dir, das Dehnung-h bleibt immer bei seinem Vokal oder Zwielaut, z. B. zähmen, Nadelöhr, ausführlich.

w**ä**rend f**ah**ren/f**äh**ren erw**äh**nen vers**öh**nen k**üh**l/k**ah**l
die R**öh**re die M**öh**re die **Äh**re die H**öh**le fr**üh** die M**üh**le
w**ah**r fr**öh**lich der Fr**üh**ling ber**üh**mt die Z**äh**ne allm**äh**lich
die Dr**äh**te ungef**äh**r die W**äh**rung gew**öh**nlich st**öh**nen
die Str**äh**ne die Geb**üh**r r**üh**ren verw**öh**nen f**üh**len
erz**äh**len g**äh**nen w**äh**len/w**üh**len die F**äh**re dr**öh**nen

c) Ergänze deine Wortlisten mit Wörtern aus der Wörterliste oder dem Wörterbuch.

2 Schreibe aus deinen Listen Reimwortketten in dein Heft.

| Zweier-Ketten | Dreier-Ketten | Vierer-Ketten |

Heft 2 Seite 31 Aufgabe 2
Zweier-Ketten: Fähre – Ähre, …
Dreier-Ketten: …
Vierer-Ketten: …

3

Wörter mit öh?

Röhre, Möhre, Höhle, fröhlich …

erzählen
fahren
wahr

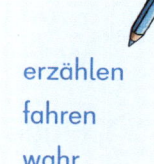

Lernportion 6: Nicht-regelhafte Wörter

6. Über Wörter mit ä nachdenken

> Einige Wörter mit **ä** können nicht von einem verwandten Wort abgeleitet werden. Diese Wörter musst du dir merken.

1 Unterscheide Wörter mit **ä**, die du ableiten kannst, von den besonderen Wörtern mit **ä**.

a) Schreibe die zehn Wörter mit **ä** heraus, die du von einem verwandten Wort ableiten kannst.

b) Schreibe die zehn besonderen Wörter mit **ä** auf einen Papierstreifen deines Fächers.

Heft 2 Seite 32 Aufgabe 1 a)
täglich ⚡ der Tag, …

„Täglich dasselbe!", schimpft Herr Martinek. „Regelmäßig kommst du zu spät zum Unterricht. Das ist ungefähr das vierte Mal in diesem Monat, und wir haben heute erst den zwölften März!
5 Allmählich reicht es mir, dass du so gemächlich ins Klassenzimmer geschlurft kommst. Länger schaue ich mir das nicht mit an!" „Entschuldigung", stammelt Kaya und schaut sich ängstlich um. Gequält ringt sie sich ein müdes Lächeln ab und setzt
10 sich zu den anderen Mädchen an den Gruppentisch. „Hast du verschlafen?", fragt Lotta in der Pause, als sie Kaya beim Verlassen des Schulgebäudes gähnen sieht. „Bist wohl unfähig deinen Wecker zu bedienen!", raunt Hannes ihr böse zu. „Alles Käse", brüllt Kaya
15 mächtig laut zurück, „ihr habt doch keine Ahnung, wie das ist, wenn man die Älteste ist und seine Geschwister morgens gleich in zwei Kindergärten bringen muss. Ich kann es nicht ändern, dass meine Eltern früh zur Arbeit müssen." Da dreht sich Herr Martinek um.
20 „Doch, ich weiß, wie es ist!" Er sieht Kaya an: „Wir finden eine Lösung!", und dann erzählt er, wie es bei ihm war.

c) Ergänze die Fächerkarte aus b) mit den Wörtern aus der Lernwörterliste rechts.

d) Finde zwei Wörter mit **ä** aus der Wörterliste unter G/g, die du nicht ableiten kannst. Schreibe sie auf die Fächerkarte.

der Käfer
das Märchen
der Käfig

Lernportion 6: Nicht-regelhafte Wörter

6. Wörter mit dem Laut ks lernen

M

> Der Laut ks wird auf drei verschiedene Weisen verschriftet: **ks**, **chs** oder **x**.
> Diese Wörter muss ich mir merken.

1 Schlage im Wörterbuch nach, ob diese Wörter mit **ks**, **chs** oder **x** geschrieben werden. Trage sie in die Tabelle ein.

Heft 2 Seite 33 Aufgabe 1					
Wort	ks	chs	x	Beispielsatz	Wörterbuchseite
der Fuchs		X		Der Fuchs ist schlau.	S. ...

Oh verflixt, das fuchst mich!

2 Suche dir ein Partnerkind.
Findet weitere Beispiele und ergänzt die Tabelle.
Das Wörterbuch kann euch helfen.

3 Schreibe zu jeder Schreibart des Lauts eine Wortliste auf einen Papierstreifen deines Fächers.
Markiere **ks**, **chs** oder **x**. Fragt euch abwechselnd ab.

4 Schreibe auf, ob du die Wörter mit **ks**-Laut schon sicher beherrschst. Überlege, ob du die Wörter weiter üben willst. Setze dir ein Lernziel.

der Fuchs
das Taxi
der Text
sechs
links

→ AH Seite 47   Lernportion 6: Nicht-regelhafte Wörter   33

6 Kleine Wörter üben

M

1 Der Computer gibt sechs Aufgaben zur Auswahl.
Wähle drei Aufgaben aus und bearbeite sie.

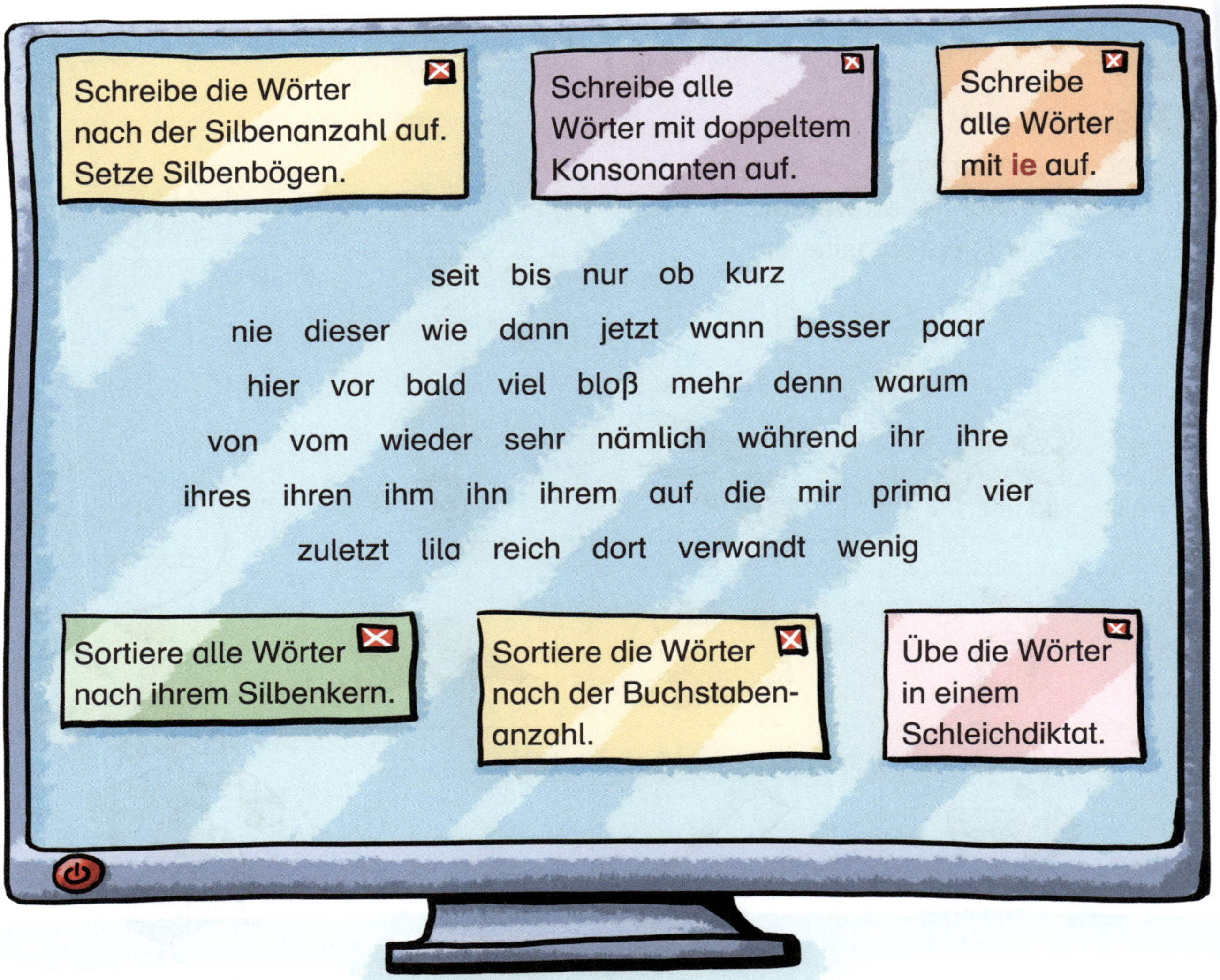

Schreibe die Wörter nach der Silbenanzahl auf. Setze Silbenbögen.

Schreibe alle Wörter mit doppeltem Konsonanten auf.

Schreibe alle Wörter mit **ie** auf.

seit   bis   nur   ob   kurz
nie   dieser   wie   dann   jetzt   wann   besser   paar
hier   vor   bald   viel   bloß   mehr   denn   warum
von   vom   wieder   sehr   nämlich   während   ihr   ihre
ihres   ihren   ihm   ihn   ihrem   auf   die   mir   prima   vier
zuletzt   lila   reich   dort   verwandt   wenig

Sortiere alle Wörter nach ihrem Silbenkern.

Sortiere die Wörter nach der Buchstabenanzahl.

Übe die Wörter in einem Schleichdiktat.

2 Schreibe die Wörter aus ❶ auf zwei Papierstreifen deines Fächers:

a) erster Streifen:
alle kurzen Wörter,
die aus zwei oder drei
Buchstaben bestehen

b) zweiter Streifen:
alle Wörter mit einem i-Laut,
also Wörter mit ie, ih und i

verwandt
reich
kurz
vier
wenig

Lernportion 6: Nicht-regelhafte Wörter

6. Mit dem Fächer arbeiten

1 Übe mit einem Partnerkind die Wörter aus deinem Fächer.
Wählt zwei Übungen aus.

Auf Zeit schreiben

Entscheidet euch für eine Seite aus dem Fächer.
Schreibt zwei Minuten lang alle Wörter auf,
die euch dazu noch einfallen.
Wählt weitere Seiten aus.

Partnerdiktat

Diktiert euch gegenseitig die Wörter einer Seite.
Beide Partner dürfen dabei keinen Fehler machen.
Das Kind, welches diktiert, gibt sofort einen stummen Hinweis,
sobald es einen Fehler entdeckt.

Bildet Unsinnssätze mit den Wörtern aller Fächerkarten

Sucht von jeder Karte ein Wort aus.

Rätsel
Stellt euch gegenseitig Rätsel zu den Wörtern aus dem Fächer
– Lückenwörter: M_hr_ (= Möhre)
– Wörter zu Silbenkernen suchen: ä e Käfer, Mädchen, …
– Nomen beschreiben: „Mein Nomen hat drei Silben. Es blüht im Frühling.
  Es ist weiß."
– Strichbild: |ı|| = bald, …
–

2

Lernportion 6: Nicht-regelhafte Wörter

7 Zeitangaben groß- und kleinschreiben

Gr

> Die Namen der **Wochentage** und **Tageszeiten** sind Nomen.
> Diese schreibe ich **groß**: der Montag, der Nachmittag
> Zusammengesetzte Nomen aus Wochentag und Tageszeit
> schreibe ich groß: der Montag + der Abend = der Montagabend
> Manchmal werden **Zeitangaben nicht als Nomen** verwendet.
> Dann schreibe ich sie **klein**: morgens, mittwochs, vorgestern

1 Schreibe die Zeitangaben richtig, entweder groß oder klein.

a) Ersetze die Nomen durch kleingeschriebene Zeitangaben.

| der Morgen | der Vormittag | in der Nacht |

| am Donnerstag | am Mittwoch |

Heft 2 Seite 36 Aufgabe 1
der Morgen – morgens
...

Überprüfe die Zeitangaben mit einer Nomenprobe: der Abend, die Abende, ein schöner Abend …

b) Ergänze den Hefteintrag durch zwei Tageszeiten und zwei Wochentage.

2 Setze die passende Zeitangabe in die Lücke ein. Entscheide, ob du groß- oder kleinschreiben musst. Schreibe auf und unterstreiche.

| AM ABEND ✶ AM DONNERSTAG ✶ FREITAG ✶ JEDEN MORGEN ✶ MITTWOCHS ✶ MITTWOCHABENDS ✶ MORGENS ✶ NACHMITTAGS ✶ SONNTAGMORGEN |

Heft 2 Seite 36 Aufgabe 2
Jeden Morgen frühstücke
ich schnell. Nur ...

- ✶ ✶ frühstücke ich schnell. Nur am ✶ habe ich viel Zeit.
- ✶ Der ✶ ist ein schöner Tag. Ich habe ✶ Ballett und ✶ darf ich länger aufbleiben.
- ✶ Mit meiner Freundin gehe ich immer ✶ ins Hallenbad, ✶ darf sie dann bei mit schlafen.
- ✶ ✶ gehe ich besonders gerne in die Schule, denn ✶ haben wir zwei Stunden Sport.

die Nacht
der Abend – abends
morgen

Lernportion 7: Groß- und Kleinschreibung

7 Die Groß- und Kleinschreibung üben

Das Wortanfangsdiktat

1. Ich bekomme **einen Satz** diktiert.
2. Nun frage ich für jedes Wort die Regeln der Groß- und Kleinschreibung ab.

Du kennst Nomen, Verben, Adjektive und Bindewörter. Alle anderen Wörter heißen sonstige Wörter. Schreibe sie klein.

Satzanfang? Nomen? Verb? Adjektiv? Sonstiges Wort?

3. Ich schreibe **untereinander nur die Wortanfänge** groß oder klein auf: Das = **D**, Schaf = **S**, …

Diktierter Satz: DAS SCHAF STEHT TRAURIG IM GRAS.

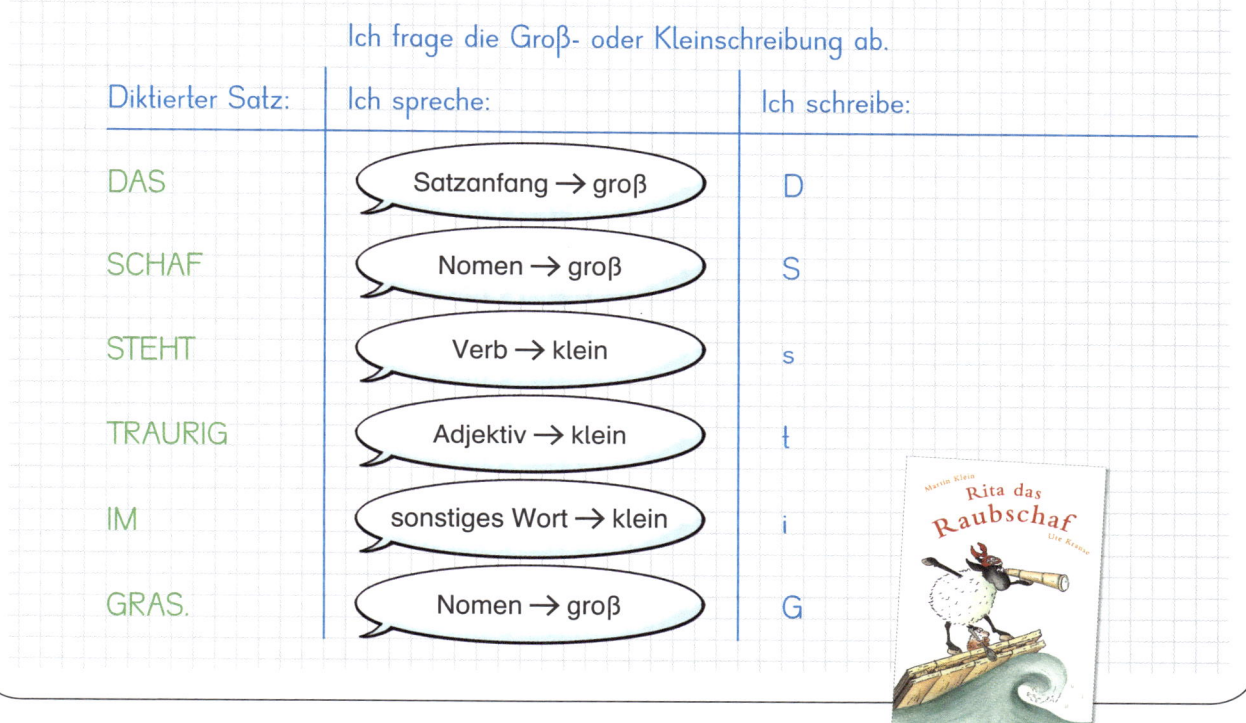

Diktierter Satz:	Ich spreche:	Ich schreibe:
DAS	Satzanfang → groß	D
SCHAF	Nomen → groß	S
STEHT	Verb → klein	s
TRAURIG	Adjektiv → klein	t
IM	sonstiges Wort → klein	i
GRAS.	Nomen → groß	G

Ich frage die Groß- oder Kleinschreibung ab.

1 Probiere es mit den folgenden Sätzen einmal aus.
Nimm ein kariertes DIN-A4-Blatt quer. Schreibe untereinander.

DAS KLEINE SCHAF RITA LEBT AM MEER.

RITA HAT KEINE LUST, TAG UND NACHT VOR SICH HIN ZU FRESSEN.

RITA STEHT OBEN AUF DEM DEICH UND SCHAUT IN DIE FERNE.

IRGENDWO HINTER DEM WEITEN HORIZONT SIND DIE ORTE IHRER TRÄUME.

MARTIN KLEIN

7. Die Wortart in einem Legediktat bedenken

1 Lege die passenden Satzmuster und sprich dazu wie im Beispiel.

RAUBSCHAFE FÜRCHTEN WEDER SCHÄFERHUNDE NOCH BULLTERRIER.

NICHT WEIT ENTFERNT LEBT IN DER STADT DAS MEERSCHWEIN RUTH.

DIE MENSCHEN FINDEN ROSETTENMEERSCHWEINE GANZ BESONDERS NIEDLICH.

2 Entscheide, ob du mit dem **Wortanfangsdiktat** oder mit dem **Legediktat** diesen Text über Ritas Meerschwein-Freundin Ruth üben willst. Finde ein Partnerkind. Lass dir den Text diktieren.

Ruth verbringt ihre Tage in einem kleinen Käfig. Es gibt darin nichts als einen Unterschlupf. Er sieht aus wie ein Fliegenpilz. Und einen Futternapf in Herzform. Und jede Menge Sägespäne. Sie gehört einem Jungen namens Johann. Johann liebt sein Rosettenmeerschwein. Johann hält Ruth für sehr scheu.

Martin Klein

7. Mehrteilige Eigennamen großschreiben

Bei **Eigennamen**, die **aus zwei Teilen** bestehen, wird nicht nur das **Nomen**, sondern auch das **Adjektiv großgeschrieben**:
der Atlantische Ozean, der Deutsche Bundestag, der Kleine Bär

1 Ordne jedes Adjektiv dem passenden Nomen zu. Schreibe mit dem zweiteiligen Eigennamen einen kurzen Satz auf.

Adjektiv	Nomen
nah	Staaten
schwarz	Meer
pazifisch	Nationen
groß	Ozean
vereint	Osten
vereinigt	Wagen

Heft 2 Seite 39 Aufgabe 1
Zum Nahen Osten gehören die Länder Saudi-Arabien und der Oman. …

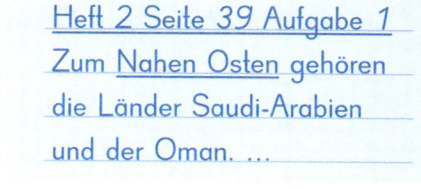

2 Findet zu zweit mindestens sechs zweiteilige Eigennamen wie oben im Kasten. Schaut dazu im Lexikon, in Zeitschriften oder im Internet nach.

Heft 2 Seite 39 Aufgabe 2
…

3 Entscheide, wann das Adjektiv groß- und wann es kleingeschrieben wird.

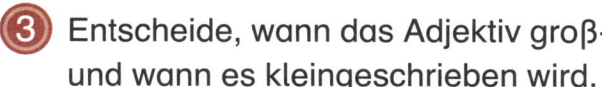

die ▮ Spiele   der ▮ Wettkampf
der ▮ Bär   der ▮ Bruder
der ▮ Briefkasten das ▮ Meer
der ▮ Ozean   das ▮ Essen

Heft 2 Seite 39 Aufgabe 3
die Olympischen Spiele,
der …

Lernportion 7: Groß- und Kleinschreibung

7. Wörter mit verstecktem Artikel großschreiben

> Verben können zu Nomen werden. Ich erkenne sie am Artikel vor dem Verb:
> **Das Hüpfen** macht mir Spaß.
> Manchmal ist der Artikel versteckt: beim (= bei dem) Schaukeln
> Weitere versteckte Artikel sind: am, ans, aufs, im, ins, vom, zum

1 Schreibe auf, was die Kinder auf dem Spielplatz machen und was ihnen passiert. Nutze die Wörter auf den Kärtchen.

| das | beim | vom | im | zum | ins |

| klettern | rennen | drehen | rutschen |

| schaukeln |

| essen |

Heft 2 Seite 40 Aufgabe 1
Sophie verliert beim Rennen ...

2 Finde mithilfe der Wortkärtchen eigene Sätze, in denen das Verb zum Nomen wird.

| essen | aufstehen | zuhören |

| bauen | grübeln | träumen |

Heft 2 Seite 40 Aufgabe 2

3

Sie hängen am Weihnachtsbaum. Beim Schmücken muss man aufpassen, dass sie nicht zerbrechen.

8. Strategien wiederholen

Auf einen Blick:

- ⌣ In Silben gliedern. So vergesse ich keinen Buchstaben: loben
- ↪ Ein Verlängerungswort finden und weiterschwingen. So finde ich **b** oder **p**, **d** oder **t** oder **g** oder **k** am Wortende: Zwerg, die Zwerge
- ⚡ Ein Ableitungswort bilden. So unterscheide ich **ä** und **e** oder **äu** und **eu**: Häschen ⚡ Hase   Zäune ⚡ Zaun
- M Merken oder nachschlagen: Klee, Soße, Mai, Wachs, Handy, ...
- Gr Groß- oder Kleinschreibung? Ich wende die Nomenprobe an: der lustige Clown

---

1 Lies, was Oleg zu seinem Schullandheim-aufenthalt schreibt. Schreibe die unvollständigen Wörter richtig auf. Die Symbole helfen dir, die passende Strategie anzuwenden.

Im Schu✳lan✳heim ⌣ ↪ war es ech✳ ↪ wunde✳bar. ⌣ ! Es ga✳ ↪ ein to✳les ⌣ Programm✳ ↪ : Wir wande✳ten ⌣ zum ✳eispiel Gr an einem Ta✳ ↪ mit einem Förster durch den Wal✳ ↪ und unte✳suchten ⌣ mit ihm B✳me auf Sch✳dlinge ⚡ . Das war richti✳ ↪ spannen✳ ↪ ! Die se✳s M Tage gingen ✳iel M zu schnel✳ ↪ ✳orbei M !

Heft 2 Seite 41 Aufgabe 1
Schullandheim ↪ Länder
echt ↪ echtes Gold

2 Überlege, welche Strategie dir hilft, die markierten Stellen richtig zu schreiben. Ordne zu.

| wandern ✳ Ausflug ✳ Vesperpause ✳ Ameise ✳ draußen ✳ Äste ✳ Tanne ✳ Eichhörnchen ✳ Waldweg ✳ Bäume ✳ häufig ✳ Fuchs ✳ Angst ✳ Förster ✳ Jäger ✳ Reh ✳ nass ✳ Pflanze |

Heft 2 Seite 41 Aufgabe 2
⌣: Tanne, ...
⚡: ...
↪: Ausflug, ...
M: ...
Gr: ...

Lernportion 8: Rechtschreibstrategien anwenden

8 Grammatisches Prinzip nutzen

Gr

1 Lies die Sätze mit einem Partnerkind.
Untersucht die Endungen der farbigen Wörter.
Was fällt euch auf?

Wer hat Geburtstag?
Ein Kind / dein Kind / jedes Kind / kein Kind

Wem gibst du Schokolade?
Einem Kind / deinem Kind / jedem Kind / keinem Kind

Wen lädst du ein?
Ein Kind / dein Kind / jedes Kind / kein Kind

2 Suche dir mit deinem Partnerkind weitere Kinder.
Bearbeitet die Aufgaben.

a) Bildet Beispielssätze wie in ❶.

Wer …?	unser	mein	sein
Wem …?	unserem	meinem	seinem
Wen …?	unseren	meinen	seinen

Heft 2 Seite 42 Aufgabe 2 a)
Wer ist groß? Unser Bruder, …

b) Sortiert die Wörter nach den Fragen
Wer? Wem? Wen?

dieses	euer	diesen
der	den	eurem
dem	diesem	euren

Heft 2 Seite 42 Aufgabe 2 b)
Wer: der, …

c) Besprecht, wobei die Fragen
Wer? Wem? Wen?
euch helfen.

Beispielsätze können euch helfen!

Lernportion 8: Rechtschreibstrategien anwenden

3 Setze richtig ein.

Ihre✶ (m/n) Bruder geht es nicht so gut.
Ich finde deine✶ (m/n) Aufsatz sehr interessant.
Ich treffe meine✶ (m/n) Opa am Wochenende.
Er gibt de✶ (m/n) Hund etwas zu essen.
Er hat eine✶ (m/n) ganze✶ (m/n) Kuchen gegessen.
Welche✶ (m/n) Tier hast du geholfen?

Heft 2 Seite 43 Aufgabe 3
Ihrem Bruder geht es ...

4 Das Wort **dem** verschmilzt oft
mit anderen kleinen Wörtern.
Schreibe auf.

Heft 2 Seite 43 Aufgabe 4
an + dem = am, ...

| an + dem = | in + dem = | von + dem = | zu + dem = |

5 Setze passend Wörter von ❹ ein.
Schreibe den Text in deiner schönsten Schrift.

▢ 15. Mai ist mein Geburtstag. Er liegt ▢

Frühling. ▢ Fest lade ich immer viele Freunde ein.

▢ meinem letzten Geburtstag hat es leider geregnet.

Doch ▢ Wetter haben wir uns nicht stören lassen.

▢ meinem besten Freund bekam ich ein tolles

Kartenspiel. Das haben wir die ganze Zeit gespielt.

Heft 2 Seite 43 Aufgabe 5
Am 15. Mai ...

6 Es gibt noch andere Verschmelzungsformen
von kleinen Wörtern. Suche dir weitere Kinder und
überlegt, aus was die folgenden Wörter zusammengesetzt sind und bildet zu jedem einen Satz.

Heft 2 Seite 43 Aufgabe 6
beim = bei + dem

| beim | zur | ans |

Lernportion 8: Rechtschreibstrategien anwenden

8 Die richtige Schreibweise finden

Ich gebe dir Tipps. Du kannst auch in der Lernportion 3 nachschlagen.

1 Prüfe die Länge des Vokals und ergänze die fehlenden Buchstaben. Schreibe die Texte auf.

Heft 2 Seite 44 Aufgabe 1
a) Ich hatte ...
b) Meine Eltern ...
c) Nie wieder ...

a) Entscheide: **doppelter** oder **einfacher Konsonant**?

Denke daran, die Wörter zu verlängern.

Ich hatte eine schli✱e (m/mm) Angst vor a✱en (l/ll) Tieren. In ihrer Nähe ko✱te (n/nn) ich mich nicht entspa✱en (n/nn). Das machte meinen E✱tern (l/ll) großen Ku✱er (m/mm), denn sie sind sehr tierlieb. Zu Hause sind bei uns auf a✱en (l/ll) Te✱ern (l/ll) und Ta✱en (s/ss) kleine Lä✱er (m/mm) oder Kä✱ber (l/ll). Selbst auf den Gri✱en (f/ff) unserer Me✱er (s/ss) sind winzige Hü✱dchen (n/nn) zu erke✱en (n/nn).

b) Entscheide: **ck** oder **k**; **tz** oder **z**?

Meine Eltern schi✱ten mich wegen meiner Angst auf einen Bauernhof. Am Anfang

Denke an die Zwielaute und die Eselsbrücke.

fand ich vor allem die Ka✱e schre✱lich. Sie war e✱elhaft zutraulich und ihr Fell kam mir fil✱ig vor. Aber jeden Tag wurde es besser! Jetzt gehe ich sogar in die Ho✱e, wenn ich sie sehe. Sie ist so pu✱ig!

c) Entscheide: **i** oder **ie**?

Ein langes i schreibst du meist ie.

N✱ w✱der w✱ll ✱ch so v✱l Angst vor etwas haben. Mein Z✱l ist es, sogar Fl✱gen und Sp✱nnen l✱ben zu lernen. Aber das dauert v✱lleicht noch ein b✱sschen.

2 Finde in jeder Wortfamilie ein Kuckucksei.

Der Wortstamm bleibt meist gleich.

Heft 2 Seite 44 Aufgabe 2
löblich, ...

die Belohnung ✱ der Lohn ✱ löblich ✱ es lohnt sich ✱ entlohnen

fühlen ✱ gefühlvoll ✱ das Gefühl ✱ die Erfüllung ✱ fühlbar

die Sonne ✱ sonnig ✱ sonderbar ✱ das Sonnensystem ✱ Sonntag

der Reiseführer ✱ entführen ✱ die Vorführung ✱ fürstlich ✱ verführen

Lernportion 8: Rechtschreibstrategien anwenden

8. Einen Text verbessern

1 Lies den Text.

a) Sprich in Silben und finde so die Tippfehler (verdrehte oder fehlende Buchstaben) in den markierten Wörtern. Schreibe sie richtig auf.

b) Schlage Wörter nach, bei denen du unsicher bist. Schreibe sie richtig auf.

Heft 2 Seite 45
Aufgabe 1
das Lieblingsbuch, …

Heute möchte ich euch mein Lieblingbuch vorstellen. Es heißt: „Anton taucht ab" von Milena Baisch. Mir hat das Buch so gut gefallen, weil es lustig ist, und weil mir Anton, der immer nur so coul tut, eigentlich sympatisch ist. In dem Buch erzählt Anton eine Abenteurheldengeschichte von sich selbst.

Anton, der am liebsten Actionfime guckt oder im Internet surrft, fährt mit seinen Großeltern in den Urlaub auf den Campingplatz. Dort angekommen, entdeckt er die Kathastrophe: weit und breit kein Swimming-Pool, dafür ein Ekelsee voller Schlinkpflanzen. Die erste Begegnung mit den Kindern vom Steeg verläuft dann auch weniger gut. Marie ist ja noch ganz nett. Aber schnell wird klar, dass der ältere Junge mit der Pudelfriesur Ärger macht.

Nix mit Auschlafen und Weiterträumen von spannenden Misionen als Kampfpilot oder von Massenkarambollagen, nein, Angeln mit Opa ist angesagt. Zum Schein geht Anton darauf ein, findet das Ganze aber total eklig. Dann fängt Opa einen zu kleinen Fisch. Einen Barsch. Als Opa den Fisch als Köhder für den nächsten Tag vewenden will, prottestiert Anton, denn er hat sich mit „Piranha" angefreundet. Und so erkundet Anton gemeinsam mit Piranha, den er in einem Gurkenglas auf seinen fernegsteuerten Geländewagen geschnallt hat, den Campingplatz und zeigt dem Fisch die Welt der Menschen …

Lernportion 8: Rechtschreibstrategien anwenden

8 Strategien finden und Regeln anwenden

1 Wende dein Wissen an.

a) Finde zu den Wörtern mit den blauen Buchstaben eine Strategie, die dir hilft, die Wörter an der blauen Stelle richtig zu schreiben. Schreibe das Symbol und das Wort auf.

b) Schreibe zu den Wörtern mit den roten Buchstaben einen Tipp, eine Eselsbrücke oder eine Regel auf, die dir hilft, die Wörter an der roten Stelle richtig zu schreiben.

Heft 2 Seite 46 Aufgabe 1
a) ⌣: die Formeln
*   M: der Saal*
*   ...*
b) Gr: der Widerschein =
*   Nomen schreibe ich groß.*
*   ...*

Der Widerschein des grünen Feuers zuckte über die Berge von alten und neuen Büchern, in denen all die Formeln und Rezepte standen, die Irrwitzer für seine Experimente brauchte. Aus den dunklen Ecken des Saales blinkten geheimnisvoll Retorten, Gläser, Flaschen und spiralige Röhren, in denen Flüssigkeiten aller Farben stiegen und fielen, tropften und dampften. Außerdem gab es Computer und elektrische Geräte, an denen fortwährend winzige Lämpchen flimmerten. In einer finsteren Nische schwebten geräuschlos und beständig rot und blau leuchtende Kugeln auf und nieder und in einem kristallenen Behälter wirbelte Rauch, der sich in gewissen Abständen zur Form einer glimmenden Gespensterblume zusammenzog.

Michael Ende

Höre ich ein langes i, schreibe ich meist ie.

2 Finde im Text drei Wörter mit langem i, die du nicht mit ie schreibst.

Heft 2 Seite 46 Aufgabe 2
der Widerschein, ...

3 Finde im Text das eine Fremdwort, das anders geschrieben wird, als du es sprichst.

Heft 2 Seite 46 Aufgabe 3
...

8 Rechtschreibfehler verbessern

Gr ⌣ M ↯ ↪

1 Ordne den Wörtern die passenden Symbole zu.
Schreibe sie richtig auf.

Im Wald und an Wiesenr*ndern ka*st du

Wil*früchte finden. ↪ ↪ ↯

Die Hagebu*e ist die Fruch*

der Wil*rose. ↪ ⌣ ↪

Diese kna*rote B*re ke*t jedes Kin*. ↪ ↪ ↪ M

Hast du daraus auch schon einmal Juckpul*er hergeste*t? M ↪

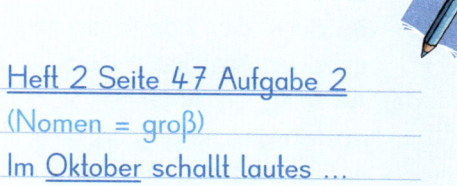
Heft 2 Seite 47 Aufgabe 1
a) Wiesenränder ↯ Rand
   kannst ↪ können
   ...
b) ...

2 In diesem Text sind die Fehler schon markiert.
Schreibe ihn fehlerfrei ab.
Lass dabei immer eine Zeile frei.
Schreibe die Begründung für die richtige
Schreibweise in die leere Zeile darüber.

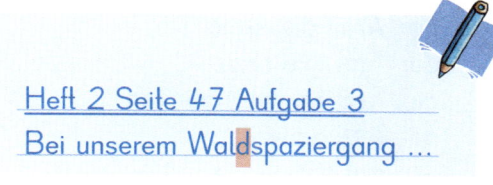
Heft 2 Seite 47 Aufgabe 2
(Nomen = groß)
Im Oktober schallt lautes ...

Im oktober schallt lautes Gebrül durch die Wälder. Das sind die Männlichen Hische.
Sie wollen damit die Weipchen beeindruken. Außerdem soll das geschrei die
anderen Hirschmenner vertreiben.

3 Dieser Text enthält viele Fehler.
Schreibe ihn fehlerfrei ab.

Heft 2 Seite 47 Aufgabe 3
Bei unserem Waldspaziergang ...

Bei unserem Waltspaziergang treffen |
wir heufig den Föster. Er nimt sich | | |
immer viel zeit. Gerne beantwortet |
er unser Fragen oder gipt uns Tipps. | |
heute want er uns vor dem sturm. | | |
Dabei können Morsche Äste |
abrechen und herunterfallen. |

Lernportion 8: Rechtschreibstrategien anwenden   47

Wörterliste

A a

ab
der **Abend,** die Abende
aber
abends
das **Abon|ne|ment,** die Abonnements
acht
der **Af|fe,** die Affen
al|lein
al|les
das **Al|pha|bet,** die Alphabete
alt, älter, am ältesten
am
an
än|dern, sie änderte, sie hat geändert, sie wird ändern
der **An|fang,** die Anfänge
an|fan|gen, er fing an, er hat angefangen, er wird anfangen
die **An|gel,** die Angeln
der **Ap|fel,** die Äpfel
die **Ap|fel|si|ne,** die Apfelsinen
der **April**
ar|bei|ten, er arbeitete, er hat gearbeitet, er wird arbeiten
är|gern, sie ärgerte, sie hat geärgert, sie wird ärgern
der **Arm,** die Arme
der **Arzt,** die Ärzte
die **Ärz|tin,** die Ärztinnen
der **Ast,** die Äste
auf|füh|ren, er führte auf, er hat aufgeführt, er wird aufführen
auf|räu|men, sie räumte auf, sie hat aufgeräumt, sie wird aufräumen
das **Au|ge,** die Augen
der **Au|gust**
au|ßen
au|ßer
das **Au|to,** die Autos
die **Axt,** die Äxte

B b

das **Ba|by,** die Babys
der **Bach,** die Bäche
ba|cken, er backte (auch: buk), er hat gebacken, er wird backen
der **Bä|cker,** die Bäcker
das/die **Ba|guette,** die Baguettes
die **Bahn,** die Bahnen
bald
der **Ball,** die Bälle
das **Band,** die Bänder
die **Bank,** die Bänke
der **Bär,** die Bären
die **Bat|te|rie,** die Batterien
der **Bauch,** die Bäuche
bäuch|lings
der **Baum,** die Bäume
die **Bee|re,** die Beeren
be|gin|nen, sie begann, sie hat begonnen, sie wird beginnen
das **Bein,** die Beine
bei|ßen, er biss, er hat gebissen, er wird beißen
das **Bei|spiel,** die Beispiele
be|loh|nen, sie belohnte, sie hat belohnt, sie wird belohnen
be|quem, bequemer, am bequemsten
der **Berg,** die Berge
be|schäf|ti|gen, er beschäftigte, er hat beschäftigt, er wird beschäftigen
be|stimmt
das **Bett,** die Betten
die **Bi|blio|thek,** die Bibliotheken
bie|gen, er bog, er hat gebogen, er wird biegen
die **Bie|ne,** die Bienen
das **Bild,** die Bilder
bis
bit|ten, sie bat, sie hat gebeten, sie wird bitten

das **Blatt,** die Blätter
blei|ben, er blieb, er ist geblieben, er wird bleiben
bli|cken, er blickte, er hat geblickt, er wird blicken
blin|ken, es blinkte, es hat geblinkt, es wird blinken
der **Blitz,** die Blitze
bloß
die **Blu|me,** die Blumen
blü|hen, es blühte, es hat geblüht, es wird blühen
die **Blü|te,** die Blüten
der **Bo|den,** die Böden
der/das **Bon|bon,** die Bonbons
das **Boot,** die Boote
bo|xen, sie boxte, sie hat geboxt, sie wird boxen
bra|ten, er briet, er hat gebraten, er wird braten
bre|chen, sie brach, sie hat gebrochen, sie wird brechen
der **Brief,** die Briefe
die **Bril|le,** die Brillen
brin|gen, er brachte, er hat gebracht, er wird bringen
der **Brot|laib,** die Brotlaibe
der **Bru|der,** die Brüder
das **Buch,** die Bücher
die **But|ter**

C c

das **Ca|fé,** die Cafés
der **Cent,** die Cents
das **Cha|mä|le|on,** die Chamäleons
der **Cham|pi|gnon,** die Champignons
der **Christ,** die Christen
der **Com|pu|ter,** die Computer

D d

da|bei
dan|ken, er dankte, er hat gedankt, er wird danken
dann
der Dau|men, die Daumen
dein, deinem, deinen
den|ken, sie dachte, sie hat gedacht, sie wird denken
der, dem, den
der De|tek|tiv
deut|lich, deutlicher, am deutlichsten
der De|zem|ber
dick, dicker, am dicksten
der Dieb, die Diebe
der Diens|tag, die Dienstage
dies, diesem, diesen
das Ding, die Dinge
die Dis|ket|te, die Disketten
der Don|ners|tag, die Donnerstage
doof, doofer, am doofsten
das Dorf, die Dörfer
dort
die Do|se, die Dosen
der Draht, die Drähte
drau|ßen
dre|ckig, dreckiger, am dreckigsten
dre|hen, er drehte, er hat gedreht, er wird drehen
drei
drei|ßig
dröh|nen, sie dröhnte, sie hat gedröhnt, sie wird dröhnen
drü|cken, er drückte, er hat gedrückt, er wird drücken
du
dumm, dümmer, am dümmsten
dun|kel, dunkler, am dunkelsten
der Durst
der Dy|na|mo, die Dynamos

E e

das Ei, die Eier
der Ei|mer, die Eimer
ein, einem, einen
ein|pa|cken, sie packte ein, sie hat eingepackt, sie wird einpacken
eins
der Ein|tritt, die Eintritte
die Ein|zahl
der Ele|fant, die Elefanten
die El|tern
end|lich
die En|te, die Enten
ent|fer|nen, er entfernte, er hat entfernt, er wird entfernen
ent|hal|ten, es enthielt, es hat enthalten, es wird enthalten
die Er|de
er|lau|ben, er erlaubte, er hat erlaubt, er wird erlauben
er|schre|cken, sie erschrak, sie ist erschrocken, sie wird erschrecken
erst
er|wach|sen
er|zäh|len, sie erzählte, sie hat erzählt, sie wird erzählen
es|sen, er aß, er hat gegessen, er wird essen
euer, eurem, euren
ex|tra

F f

das Fach, die Fächer
fah|ren, sie fuhr, sie ist gefahren, sie wird fahren
die Fahr|kar|te, die Fahrkarten
das Fahr|rad, die Fahrräder
die Fahrt, die Fahrten
fal|len, er fiel, er ist gefallen, er wird fallen
die Fa|mi|lie, die Familien
fan|gen, er fing, er hat gefangen, er wird fangen
fas|sen, sie fasste, sie hat gefasst, sie wird fassen
der Fe|bru|ar
feh|len, sie fehlte, sie hat gefehlt, sie wird fehlen
das Feld, die Felder
die Fei|er, die Feiern
fei|ern, er feierte, er hat gefeiert, er wird feiern
die Fe|ri|en
der Fern|se|her, die Fernseher
die Fi|gur, die Figuren
der Fin|ger, die Finger
der Fisch, die Fische
die Fla|sche, die Flaschen
flei|ßig, fleißiger, am fleißigsten
flie|gen, sie flog, sie ist geflogen, sie wird fliegen
flie|ßen, es floss, es ist geflossen, es wird fließen
das Flug|zeug, die Flugzeuge
der Fluss, die Flüsse
der Föhn, die Föhne
das Fo|to, die Fotos
fra|gen, sie fragte, sie hat gefragt, er wird fragen
der Frei|tag, die Freitage
fremd, fremder, am fremdesten
fres|sen, er fraß, er hat gefressen, er wird fressen
der Freund, die Freunde
freund|lich, freundlicher, am freundlichsten
der Frie|den
der Fri|seur/Fri|sör, die Friseure/Frisöre
fröh|lich, fröhlicher, am fröhlichsten
früh, früher, am frühsten
der Früh|ling, die Frühlinge
früh|stü|cken, sie frühstückte, sie hat

Wörterliste

gefrühstückt, sie wird
frühstücken
der **Fuchs,** die Füchse
füh|len, sie fühlte, sie hat
gefühlt, sie wird fühlen
füh|ren, er führte, er hat
geführt, er wird führen
fünf
der **Fuß,** die Füße
der **Fuß|ball,** die Fußbälle
das **Fut|ter**

G g

ganz, ganzem, ganzen
der **Gar|ten,** die Gärten
ge|ben, sie gab, sie hat
gegeben, sie wird geben
die **Ge|fahr,** die Gefahren
ge|fal|len, es gefiel, es hat
gefallen, es wird gefallen
ge|gen
ge|hen, er ging, er ist
gegangen, er wird gehen
ge|hör|en, es gehörte,
es hat gehört, es wird
gehören
der **Geh|weg,** die Gehwege
das **Geld,** die Gelder
das **Ge|mü|se,** die Gemüse
genau
ge|rade
das **Ge|rät,** die Geräte
gern
das **Ge|schäft,** die Geschäfte
das **Ge|schenk,** die Geschenke
die **Ge|schich|te,**
die Geschichten
das **Ge|sicht,** die Gesichter
ges|tern
ge|win|nen, sie gewann,
sie hat gewonnen, sie wird
gewinnen
das **Ge|wit|ter,** die Gewitter
gie|ßen, sie goss, sie hat
gegossen, sie wird gießen
das **Glas,** die Gläser

gleich
die **Glo|cke,** die Glocken
das **Glück**
glück|lich, glücklicher,
am glücklichsten
glü|hen, es glühte, es hat
geglüht, es wird glühen
gräss|lich, grässlicher,
am grässlichsten
groß, größer, am größten
die **Groß|el|tern**
grü|ßen, er grüßte, er hat
gegrüßt, er wird grüßen
gut, besser, am besten

H h

das **Haar,** die Haare
der **Hai,** die Haie
der **Hals,** die Hälse
hal|ten, sie hielt, sie hat
gehalten, sie wird halten
der **Ham|mer,** die Hämmer
die **Hand,** die Hände
das **Han|dy,** die Handys
hän|gen, er hängte/er hing,
er hat gehängt/er hat
gehangen, er wird hängen
hart, härter, am härtesten
der **Ha|se,** die Hasen
das **Haus,** die Häuser
das **Heft,** die Hefte
heiß, heißer, am heißesten
hei|ßen, sie hieß, sie hat
geheißen, sie wird heißen
die **Hei|zung,** die Heizungen
hel|fen, er half, er hat
geholfen, er wird helfen
hell, heller, am hellsten
her|vor|ra|gend
heu|te
die **He|xe,** die Hexen
hier
hin
das **Hob|by,** die Hobbys
die **Höh|le,** die Höhlen
die **Ho|se,** die Hosen

der **Hub|schrau|ber,**
die Hubschrauber
der **Hund,** die Hunde
hun|dert
hüp|fen, sie hüpfte, sie ist
gehüpft, sie wird hüpfen

I i

die **Idee,** die Ideen
der **Igel,** die Igel
ihm, ihn, ihnen
ihr, ihre, ihrem, ihren
im
im|mer
in
in|nen
ins
das **In|ter|view,** die Interviews
der **Irr|tum,** die Irrtümer
in|zwi|schen

J j

die **Ja|cke,** die Jacken
der **Ja|nu|ar**
je|de, jedem, jeden
jetzt
der/das **Jo|ghurt/Jo|gurt,**
die Joghurts/Jogurts
der **Ju|li**
der **Jun|ge,** die Jungen
der **Ju|ni**

K k

der **Kaf|fee,** die Kaffees
der **Kä|fer,** die Käfer
der **Kä|fig,** die Käfige
der **Kä|se,** die Käse
der **Kai|ser,** die Kaiser
der **Kamm,** die Kämme
kämp|fen, er kämpfte,
er hat gekämpft, er wird
kämpfen
die **Kan|ne,** die Kannen
ka|putt

die **Kat|ze,** die Katzen
kau|fen, sie kaufte, sie hat gekauft, sie wird kaufen
kein, keinem, keinen
ken|nen, er kannte, er hat gekannt, er wird kennen
das **Kind,** die Kinder
das **Ki|no,** die Kinos
das **Kis|sen,** die Kissen
kit|zeln, sie kitzelte, sie hat gekitzelt, sie wird kitzeln
kläf|fen, er kläffte, er hat gekläfft, er wird kläffen
die **Klas|se,** die Klassen
das **Kla|vier,** die Klaviere
das **Kleid,** die Kleider
klein, kleiner, am kleinsten
klin|gen, es klang, es hat geklungen, es wird klingen
klop|fen, sie klopfte, sie hat geklopft, sie wird klopfen
ko|chen, er kochte, er hat gekocht, er wird kochen
kom|men, sie kam, sie ist gekommen, sie wird kommen
der **Kö|nig,** die Könige
kön|nen, sie konnte, sie hat gekonnt, sie wird können
der **Kopf,** die Köpfe
die **Krä|he,** die Krähen
krank, kränker, am kränksten
das **Kran|ken|haus,** die Krankenhäuser
das **Kro|ko|dil,** die Krokodile
die **Kü|che,** die Küchen
der **Ku|chen,** die Kuchen
die **Kuh,** die Kühe
kühl, kühler, am kühlsten
die **Kur|ve,** die Kurven
kurz, kürzer, am kürzesten

L l

lä|cheln, er lächelte, er hat gelächelt, er wird lächeln
la|chen, sie lachte, sie hat gelacht, sie wird lachen
der **Laib,** die Laibe
das **Land,** die Länder
lang, länger, am längsten
lang|sam, langsamer, am langsamsten
der **Lärm**
las|sen, er ließ, er hat gelassen, er wird lassen
lau|fen, sie lief, sie ist gelaufen, sie wird laufen
der **Läu|fer,** die Läufer
leer
leicht, leichter, am leichtesten
lei|den, er litt, er hat gelitten, er wird leiden
die **Lei|ter,** die Leitern
das **Leit|wort,** die Leitwörter
len|ken, er lenkte, er hat gelenkt, er wird lenken
le|sen, sie las, sie hat gelesen, sie wird lesen
das **Le|xi|kon,** die Lexika
das **Licht,** die Lichter
die **Lie|be**
lie|ben, er liebte, er hat geliebt, er wird lieben
lie|gen, sie lag, sie ist gelegen, sie wird liegen
die **Li|nie,** die Linien
links
das **Loch,** die Löcher
lo|cker, lockerer, am lockersten
der **Löf|fel,** die Löffel
die **Luft,** die Lüfte
lus|tig

M m

ma|chen, sie machte, sie hat gemacht, sie wird machen
das **Mäd|chen,** die Mädchen
die **Mäh|ne,** die Mähnen
der **Mai**
das **Mai|glöck|chen,** die Maiglöckchen
der **Mais**
ma|len, er malte, er hat gemalt, er wird malen
man
manch|mal
der **Mann,** die Männer
der **Man|tel,** die Mäntel
das **Mär|chen,** die Märchen
der **März**
die **Ma|schi|ne,** die Maschinen
die **Mas|ke,** die Masken
die **Ma|trat|ze,** die Matratzen
die **Mau|er,** die Mauern
die **Maus,** die Mäuse
das **Meer,** die Meere
mein, meinem, meine
der **Mensch,** die Menschen
mer|ken, sie merkte, sie hat gemerkt, sie wird merken
mes|sen, er maß, er hat gemessen, er wird messen
das **Mes|ser,** die Messer
mich
die **Milch**
mir, mich
der **Mit|tag,** die Mittage
mit|tags
die **Mit|te,** die Mitten
der **Mitt|woch,** die Mittwoche
der **Mo|nat,** die Monate
der **Mond,** die Monde
der **Mo|ni|tor,** die Monitore
der **Mon|tag,** die Montage
mor|gens
die **Müh|le,** die Mühlen
der **Müll**
der **Mund,** die Münder
die **Mu|schel,** die Muscheln

Wörterliste

die **Mu|sik**
müs|sen, er musste, er hat gemusst, er wird müssen
die **Mut|ter,** die Mütter
die **Müt|ze,** die Mützen

N n

die **Nacht,** die Nächte
nachts
der **Na|gel,** die Nägel
näm|lich
die **Na|se,** die Nasen
nass, nasser/nässer, am nassesten/am nässesten
ne|ben
neh|men, sie nahm, sie hat genommen, sie wird nehmen
das **Netz,** die Netze
neu, neuer, am neuesten/ am neusten
neun
nicht, nichts
nie, niemals
der **No|vem|ber**
nun
nur

O o

ob
oben
of|fen
oft
oh|ne
das **Ohr,** die Ohren
der **Ok|to|ber**
der **Ort,** die Orte

P p

paar
das **Paar,** die Paare
pa|cken, er packte, er hat gepackt, er wird packen
das **Pa|pier,** die Papiere

der **Pa|ra|graph/Pa|ra|graf,** die Paragraphen/Paragrafen
der **Pas|sa|gier,** die Passagiere
par|ken, sie parkte, sie hat geparkt, sie wird parken
die **Pfan|ne,** die Pfannen
der **Pfef|fer**
die **Pfei|fe,** die Pfeifen
das **Pferd,** die Pferde
die **Pfüt|ze,** die Pfützen
die **Piz|za,** die Pizzen
der **Platz,** die Plätze
plötz|lich
das **Por|te|mon|naie/Port|mo|nee,** die Portemonnaies/ die Portmonees
der **Preis,** die Preise
pro|bie|ren, sie probierte, sie hat probiert, sie wird probieren
die **Prü|fung,** die Prüfungen
der **Punkt,** die Punkte
das **Puzz|le,** die Puzzles
der **Py|ja|ma,** die Pyjamas
die **Py|ra|mi|de,** die Pyramiden

Qu qu

die **Qual|le,** die Quallen
der **Qualm**
der **Quark**
das **Quar|tett,** die Quartette
quat|schen, er quatschte, er hat gequatscht, er wird quatschen
quer
quiet|schen, es quietschte, es hat gequietscht, es wird quietschen

R r

das **Rad,** die Räder
ra|ten, sie riet, sie hat geraten, sie wird raten
das **Rät|sel,** die Rätsel
der **Rauch**
der **Raum,** die Räume
rech|nen, sie rechnete, sie hat gerechnet, sie wird rechnen
das **Re|gal,** die Regale
der **Re|gen**
reich, reicher, am reichsten
rei|sen, er reiste, er ist gereist, er wird reisen
rei|ßen, es riss, es ist gerissen, es wird reißen
rei|ten, sie ritt, sie ist geritten, sie wird reiten
ren|nen, er rannte, er ist gerannt, er wird rennen
re|pa|rie|ren, sie reparierte, sie hat repariert, sie wird reparieren
ret|ten, sie rettete, sie hat gerettet, sie wird retten
der **Ret|tungs|dienst,** die Rettungsdienste
rich|tig
rie|chen, es roch, es hat gerochen, es wird riechen
der **Rie|se,** die Riesen
der **Ring,** die Ringe
rot, röter, am rötesten
der **Rü|cken,** die Rücken
ru|fen, er rief, er hat gerufen, er wird rufen
rüh|ren, er rührte, er hat gerührt, er wird rühren
rund, runder, am rundesten
die **Rut|sche,** die Rutschen

S s

die **Sa|che,** die Sachen
der **Saft,** die Säfte
die **Sä|ge,** die Sägen
sa|gen, er sagte, er hat gesagt, er wird sagen
die **Sai|son,** die Saisons
die **Sai|te** (der Gitarre), die Saiten
sam|meln, er sammelte, er hat gesammelt, er wird sammeln
der **Sams|tag,** die Samstage
der **Sand**
der **Satz,** die Sätze
sau|ber, sauberer, am saubersten
sau|er, saurer, am sauersten
säu|er|lich, säuerlicher, am säuerlichsten
der **Schal,** die Schals
schal|ten, sie schaltete, sie hat geschaltet, sie wird schalten
schäu|men, es schäumte, es hat geschäumt, es wird schäumen
schei|nen, es schien, es hat geschienen, es wird scheinen
schen|ken, er schenkte, er hat geschenkt, er wird schenken
die **Sche|re,** die Scheren
schie|ben, sie schob, sie hat geschoben, sie wird schieben
schief, schiefer, am schiefsten
das **Schiff,** die Schiffe
schla|fen, es schlief, es hat geschlafen, es wird schlafen
der **Schlauch,** die Schläuche
schlecht
schlie|ßen, er schloss, er hat geschlossen, er wird schließen

schlimm, schlimmer, am schlimmsten
der **Schlit|ten,** die Schlitten
schlu|cken, sie schluckte, sie hat geschluckt, sie wird schlucken
schmut|zig, schmutziger, am schmutzigsten
die **Schne|cke,** die Schnecken
der **Schnee**
schnei|den, sie schnitt, sie hat geschnitten, sie wird schneiden
schnell, schneller, am schnellsten
der **Schreck,** die Schrecke
schreck|lich, schrecklicher, am schrecklichsten
schrei|ben, er schrieb, er hat geschrieben, er wird schreiben
der **Schuh,** die Schuhe
die **Schu|le,** die Schulen
das **Schul|fest,** die Schulfeste
der **Schul|hof,** die Schulhöfe
die **Schul|ta|sche,** die Schultaschen
schüt|teln, sie schüttelte, sie hat geschüttelt, sie wird schütteln
schüt|zen, sie schützte, sie hat geschützt, sie wird schützen
der **Schwamm,** die Schwämme
der **Schwanz,** die Schwänze
schwei|gen, sie schwieg, sie hat geschwiegen, sie wird schweigen
schwer, schwerer, am schwersten
die **Schwes|ter,** die Schwestern
schwie|rig, schwieriger, am schwierigsten
schwim|men, er schwamm, er ist geschwommen, er wird schwimmen
sechs

der **See,** die Seen
se|hen, er sah, er hat gesehen, er wird sehen
sehr
die **Sei|fe,** die Seifen
sein, ich bin, du bist, er ist, er war, er ist gewesen, er wird sein
sein, seinem, seinen
seit
die **Sei|te** (eines Buchs), die Seiten
selt|sam, seltsamer, am seltsamsten
der **Sep|tem|ber**
set|zen, sie setzte, sie hat gesetzt, sie wird setzen
si|cher, sicherer, am sichersten
das **Sieb,** die Siebe
sie|ben
sie|gen, sie siegte, sie hat gesiegt, sie wird siegen
sin|gen, er sang, er hat gesungen, er wird singen
der **Sitz,** die Sitze
sit|zen, er saß, er ist gesessen, er wird sitzen
das **Skate|board,** die Skateboards
die **Skiz|ze,** die Skizzen
so|fort
sol|len, er sollte, er hat gesollt
der **Som|mer,** die Sommer
der **Sonn|abend,** die Sonnabende
die **Son|ne,** die Sonnen
der **Sonn|tag,** die Sonntage
das **Sou|ve|nir,** die Souvenirs
die **Spa|get|ti/Spa|ghet|ti**
span|nend, spannender, am spannendsten
der **Spaß,** die Späße
das **Spiel,** die Spiele
spie|len, sie spielte, sie hat gespielt, sie wird spielen

53

Wörterliste

das **Spiel|zeug,** die Spielzeuge
die **Spin|ne,** die Spinnen
spot|ten, er spottete, er hat gespottet, er wird spotten
die **Spra|che,** die Sprachen
spre|chen, sie sprach, sie hat gesprochen, sie wird sprechen
sprin|gen, er sprang, er ist gesprungen, er wird springen
sprit|zen, es spritzte, es hat gespritzt, es wird spritzen
spu|cken, sie spuckte, sie hat gespuckt, sie wird spucken
die **Stadt,** die Städte
der **Stamm,** die Stämme
stark, stärker, am stärksten
die **Start|bahn,** die Startbahnen
ste|cken, es steckte, es hat gesteckt, es wird stecken
ste|hen, sie stand, sie ist gestanden, sie wird stehen
stei|gen, er stieg, er ist gestiegen, er wird steigen
steil, steiler, am steilsten
der **Stein,** die Steine
die **Stel|le,** die Stellen
stel|len, sie stellte, sie hat gestellt, sie wird stellen
ster|ben, sie starb, sie ist gestorben, sie wird sterben
der **Stift,** die Stifte
still, stiller, am stillsten
stim|men, es stimmte, es hat gestimmt, es wird stimmen
sto|ßen, sie stieß, sie hat gestoßen, sie wird stoßen
die **Stra|fe,** die Strafen
der **Strand,** die Strände
die **Stra|ße,** die Straßen
der **Strauß,** die Sträuße
strei|ten, er stritt, er hat gestritten, er wird streiten
das **Stück,** die Stücke

der **Stuhl,** die Stühle
die **Stun|de,** die Stunden
der **Sturm,** die Stürme
su|chen, sie suchte, sie hat gesucht, sie wird suchen
süß, süßer, am süßesten

T t

die **Ta|fel,** die Tafeln
tan|ken, er tankte, er hat getankt, er wird tanken
die **Ta|sche,** die Taschen
das **Ta|xi,** die Taxis
der **Tee,** die Tees
das **Te|le|fon,** die Telefone
der **Tel|ler,** die Teller
die **Tem|pe|ra|tur,** die Temperaturen
teu|er, teurer, am teuersten
der **Text,** die Texte
das **The|ater,** die Theater
tief, tiefer, am tiefsten
das **Tier,** die Tiere
der **Ti|ger,** die Tiger
der **Tisch,** die Tische
tra|gen, sie trug, sie hat getragen, sie wird tragen
die **Trä|ne,** die Tränen
tref|fen, er traf, er hat getroffen, er wird treffen
trei|ben, es trieb, es hat getrieben, es wird treiben
tren|nen, sie trennte, sie hat getrennt, sie wird trennen
der **Trick,** die Tricks
trin|ken, er trank, er hat getrunken, er wird trinken
trotz|dem
das **Tuch,** die Tücher
tur|nen, sie turnte, sie hat geturnt, sie wird turnen
die **Tür,** die Türen

U u

über|all
über|mor|gen
die **Uhr,** die Uhren
und
der **Un|fall|ort,** die Unfallorte
uns, unserem, unseren
un|ten
der **Un|ter|richt,** die Unterrichte
der **Ur|laub,** die Urlaube

V v

der **Vam|pir,** die Vampire
die **Va|se,** die Vasen
der **Va|ter,** die Väter
das **Ven|til,** die Ventile
ver|bie|ten, er verbot, er hat verboten, er wird verbieten
ver|ges|sen, sie vergaß, sie hat vergessen, sie wird vergessen
der **Ver|käu|fer,** die Verkäufer
der **Ver|kehrs|un|fall,** die Verkehrsunfälle
ver|let|zen, er verletzte, er hat verletzt, er wird verletzen
der **Ver|letz|te,** die Verletzten
ver|lie|ren, sie verlor, sie hat verloren, sie wird verlieren
ver|pas|sen, sie verpasste, sie hat verpasst, sie wird verpassen
ver|rei|sen, er verreiste, er ist verreist, er wird verreisen
ver|spielt, verspielter, am verspieltesten
ver|ste|cken, er versteckte, er hat versteckt, er wird verstecken
ver|ste|hen, sie verstand, sie hat verstanden, sie wird verstehen
ver|wandt

ver|wech|seln,
er verwechselte,
er hat verwechselt,
er wird verwechseln
viel
viel|leicht
vier
der Vo|gel, die Vögel
voll
von, vom
vor
vor|bei
vor|ges|tern
der Vor|mit|tag, die Vormittage
vorn
vor|sich|tig, vorsichtiger,
am vorsichtigsten
vor|stel|len, sie stellte vor,
sie hat vorgestellt, sie wird
vorstellen
vor|wärts

W w

die Waa|ge, die Waagen
wach
wach|sen, sie wuchs, sie ist
gewachsen, sie wird wach-
sen
der Wa|gen, die Wägen
wäh|len, er wählte, er hat
gewählt, er wird wählen
wahr
wäh|rend
die Wai|se (Kind ohne Eltern),
die Waisen
der Wal, die Wale
der Wald, die Wälder
die Wand, die Wände
wann
warm, wärmer,
am wärmsten
warum
wa|schen, er wusch, er hat
gewaschen, er wird waschen

wech|seln, sie wechselte,
sie hat gewechselt, sie wird
wechseln
der Weg, die Wege
wei|nen, er weinte, er hat
geweint, er wird weinen
weiß, weißer, am weißesten
wel|che, welchem, welchen
die Welt, die Welten
we|nig, weniger,
am wenigsten
wer, wem, wen
werden, er wurde, er ist
geworden
wer|fen, er warf, sie hat
geworfen, sie wird werfen
wi|ckeln, sie wickelte,
sie hat gewickelt, sie wird
wickeln
wie
wie|der
wie|so
wild, wilder, am wildesten
win|ken, sie winkte, sie hat
gewinkt, sie wird winken
wir
wis|sen, er wusste, er hat
gewusst, er wird wissen
der Witz, die Witze
die Wo|che, die Wochen
die Woh|nung, die Wohnungen
wol|len, er wollte, er hat
gewollt, er wird wollen
wün|schen, sie wünschte,
sie hat gewünscht, sie wird
wünschen
die Wurst, die Würste

X x

das Xy|lo|phon, die Xylophone

Y y

das Yak, die Yaks

Z z

die Zahl, die Zahlen
zäh|len, er zählte, er hat
gezählt, er wird zählen
der Zahn, die Zähne
der Zaun, die Zäune
der Zeh, die Zehen
zehn
zeich|nen, er zeichnete,
er hat gezeichnet, er wird
zeichnen
zei|gen, sie zeigte, sie hat
gezeigt, sie wird zeigen
die Zeit, die Zeiten
die Zei|tung, die Zeitungen
das Zelt, die Zelte
der Zet|tel, die Zettel
das Zeug|nis, die Zeugnisse
zie|hen, es zog, es hat
gezogen, es wird ziehen
das Ziel, die Ziele
zie|len, er zielte, er hat
gezielt, er wird zielen
das Zim|mer, die Zimmer
der Zir|kus, die Zirkusse
der Zoo, die Zoos
zu, zum, zur
der Zu|cker
der Zug, die Züge
zu|letzt
die Zun|ge, die Zungen
zu|rück
zu|sam|men
zwei
die Zwie|bel, die Zwiebeln
der Zy|lin|der, die Zylinder

Grundschule Bayern

Themenheft 2
Richtig schreiben

Herausgegeben von:	Roland Bauer, Jutta Maurach
Erarbeitet von:	Ulrike Schmucker, Schrobenhausen
Auf der Grundlage der Ausgabe von:	Wiebke Gerstenmaier, Sonja Grimm
Unter Beratung von:	Enno Hörsgen, Langerringen; Dr. Klaus Metzger, Gersthofen; Dr. Helga Rolletschek, Brunnthal; Prof. Dr. Angelika Speck-Hamdan, München
Redaktion:	Anemone Fesl
Illustration:	Yo Rühmer, Frankfurt am Main
Umschlaggestaltung:	Cornelia Gründer, agentur corngreen, Leipzig
Layout und technische Umsetzung:	lernsatz.de

Textquellen
6/46 Ende, Michael: Der satanarchäolügenialkohöllische Wunschpunsch (Ausschnitte, gekürzt). © 1989 by Thienemann Verlag (Thienemann Verlag GmbH), Stuttgart/Wien, www.thienemann.de **7** Erhardt, Heinz: Das Finkennest. Aus: Das große Heinz-Erhardt-Buch, Goldmann Verlag Leipzig, 3. Aufl. 2003, © Lappan Verlag, Oldenburg **37/38** Klein, Martin: Rita das Raubschaf (Ausschnitte, gekürzt). Tulipan Verlag, Berlin 2009.

Bildquellen
6/46 Ende, Michael: Der satanarchäolügenialkohöllische Wunschpunsch. © 1989 by Thienemann Verlag (Thienemann Verlag GmbH), Stuttgart/Wien, www.thienemann.de **37/38** Klein, Martin: Rita das Raubschaf. Tulipan Verlag, Berlin 2009. **45** Baisch, Milena: Anton taucht ab. Mit Bildern von Elke Kusche. Beltz & Gelberg, Weinheim und Basel 2010

www.cornelsen.de

1. Auflage, 4. Druck 2024

Alle Drucke dieser Auflage sind inhaltlich unverändert
und können im Unterricht nebeneinander verwendet werden.

© 2016 Cornelsen Schulverlage GmbH, Berlin
© 2021 Cornelsen Verlag GmbH, Mecklenburgische Str. 53, 14197 Berlin,
E-Mail: service@cornelsen.de

Das Werk und seine Teile sind urheberrechtlich geschützt.
Jede Nutzung in anderen als den gesetzlich zugelassenen Fällen
bedarf der vorherigen schriftlichen Einwilligung des Verlages.
Hinweis zu §§ 60a, 60b UrhG: Weder das Werk noch seine Teile dürfen ohne eine solche
Einwilligung an Schulen oder in Unterrichts- und Lehrmedien (§ 60b Abs. 3 UrhG) vervielfältigt,
insbesondere kopiert oder eingescannt, verbreitet oder in ein Netzwerk eingestellt oder sonst
öffentlich zugänglich gemacht oder wiedergegeben werden.
Dies gilt auch für Intranets von Schulen und anderen Bildungseinrichtungen.

Der Anbieter behält sich eine Nutzung der Inhalte für Text- und Data-Mining im
Sinne § 44b UrhG ausdrücklich vor.

Druck: Drukarnia Dimograf Sp. z o.o., Bielsko-Biala

ISBN 978-3-06-083607-9 (Schülerbuch)
ISBN 978-3-06-081800-6 (E-Book)

Dieses Heft ist Bestandteil des Pakets „Einsterns Schwester 4" (ISBN 978-3-06-083606-2) und kann auch einzeln bestellt werden.